KB234610

신화가 된 조선

누가 왜 조선을 신화로 만들었나?

-역사심리학적 분석

신화가 된 조선

누가 왜 조선을 신화로 만들었나?
-역사심리학적 분석

2026년 2월 13일 초판 1쇄 펴냄
2026년 4월 8일 초판 2쇄 펴냄

지 은 이 | 정광제

펴 낸 이 | 길도형
편   집 | 이현수
인   쇄 | 삼영인쇄문화
펴 낸 곳 | 장수하늘소
출판등록 | 제406-2016-000076호
주   소 | 경기도 고양시 일산서구 덕산로 250
전   화 | 031-923-8668
팩   스 | 031-923-8669
 E-mail | time-line@naver.com

ⓒ정광제, 2026

ISBN 979-11-92267-12-8 03910

신화가 된 조선

누가 왜 조선을 신화로 만들었나?

역사심리학적 분석

정광제 지음

타임라인

목차

해방 이후 역사학은 어떻게 '우리에게 유리한 진실'을 만들어왔는가

조선이라는 이름은 긴 역사를 가졌지만, 해방 이후의 한국 사회가 그 이름을 다루는 방식은 언제나 일정한 심리적 기원을 품고 있었다. 해방 직후의 역사학은 '사실을 밝히는 학문'이라기보다, 새로운 국가가 스스로를 이해하기 위해 필요로 했던 일종의 심리 장치였다. 상처받은 집단이 자기 자신을 보호하기 위해 만들어낸 이야기 구조, 즉 자기에게 유리한 진실을 조립하는 과정이었다. 이 서사 구성의 출발선에는 '실제 조선이 어떠했는가'보다 '조선이 어떠했으면 좋겠는가'가 놓여 있었다. 국가 정체성의 공백과 심리적 불안이 뒤엉킨 혼란 속에서 해방기의 지식인들은 조선을 있는 그대로 보려는 대신, 조선의 결함을 희석하거나 은폐하거나 심지어 아름답게 포장하는 방식으로 역사를 재구성했다. 이 지점에서 해방 이후의 역사학은 이미 비판적 분석이 아니라 정치적·심리적 기능을 수행하는 장치가 되어 있었다.

해방의 순간은 흔히 '굴레를 벗어 던진 때'로 묘사되지만, 실제로는 진공 상태였다. 수백 년 지속한 왕조 체제가 붕괴하고, 35년 간의 식민 통치가 그 위에 다시 한 번 겹쳐진 뒤, 어느 날 갑자기 제국의 통치가 사라졌다. 남겨진 것은 제도도 없고 국가도 없고 뿌리도 모호한 '정체성의 구멍'이었다. 해

방 후 역사학은 바로 이 구멍을 메우는 방식으로 작동했다. 조선이 무능했고, 비효율적이었고, 스스로를 개혁할 능력을 잃은 사회였다는 사실을 정면으로 바라볼 여유는 없었다. 그 대신 '조선이라는 이름을 긍정적으로 재발견해야 한다'는 의무감이 하나의 전제처럼 작동했다. 역사학자들은 조선을 비판적으로 재점검하는 대신, 조선을 민족적 자긍심의 원천으로 재포장했다. 이는 학문적 판단이 아니라 심리적 필요였다.

 무엇보다 식민 경험은 해방된 한국 사회가 조선을 바라보는 방식을 결정적으로 왜곡했다. 식민 통치가 남긴 상처는 '조선이 왜 식민지가 되었는가'라는 질문을 회피하게 만들었다. 조선의 구조적 취약함, 내부 분열, 제도적 낙후성, 엘리트 집단의 책임, 왕조 체제의 무능 등 근본 원인들을 마주하면 집단적 자존감은 더 깊이 흔들렸을 것이다. 그래서 해방 이후의 역사학은 '구조적 원인 분석'보다 '피해자 정체성 강화'를 택했다. 피해자는 잘못이 없다. 피해자는 설명 대신 위로를 요구한다. 이 논리가 역사학의 중심부로 들어가면서, 조선은 더 이상 분석의 대상이 아니라 보호의 대상이 되었다.

 실제로 해방 직후의 지식인들은 조선을 재해석하는 과정에서 이상할 정도로 비판을 피했다. 조선의 정치 구조가 낡았다는 사실, 개혁에 실패했다는 사실, 지배층이 집단적으로 기득권 유지에 매달렸다는 사실은 크게 다뤄지지 않았다. 오히려 조선을 '착한 나라', '도덕적 나라', '유교적 이상을 실천한 고결한 공동체'처럼 묘사했다. 실제의 조선은 당쟁과 문벌·촌락 대립이 일상화된 사회였고, 지역 패권 구조가 생산성을 갉아먹었으며, 지배층은 도덕적 이상보다 권력 생존에 더 집중했지만, 이러한 냉정한 진실은 역사 교육의 중심이 되지 못했다. 사람들은 상처를 치유하기 위해 '조선은 훌륭했다'는 문장을 더 필요로 했다.

해방 이후의 역사학이 갖는 또 하나의 특징은 '우리의 역사'라는 말에서 비롯되는 집단적 착시다. 역사학은 사실과 해석의 균형을 유지해야 하지만, 해방 후 한국에서 '우리의 역사'는 거의 종교적 상징처럼 사용되었다. '우리의 것'이라는 말은 올바름·정당성·순수성·도덕성까지 한꺼번에 포괄했다. 이 말 앞에서는 비판은 곧 배신이 되고, 분석은 곧 비난이 되었다. 특히 조선에 대한 비판은 민족 부정과 연결되곤 했다. 이런 분위기 속에서 조선의 단점은 상대적으로 축소되거나, 외부 요인에 의해 어쩔 수 없이 생긴 결과로 설명되었다. 조선의 책임은 약화되고, 조선의 긍정성은 과장되었다.

이런 구조는 역사학을 사실 탐구의 학문이 아니라 '심리적 치료제'로 만드는 결과를 낳았다. 상처받은 민족이 자기 자신에게 읽혀주고 싶은 이야기, 즉 자기기만적 위로의 역사가 학문을 덮었다. 학자들은 조선을 다시 쓰면서 민족적 자존감 회복이라는 과제를 학문적 의무처럼 떠안았고, 연구의 방향은 자연스럽게 '조선의 가능성을 증명하는 작업'으로 이동했다. 이 과정에서 조선의 결함은 의도적으로 무시되거나 부드럽게 윤색되었다.

 해방 직후의 대표적 지식인들 역시 이런 흐름을 적극적으로 주도했다. 그들은 조선의 문제를 구조적으로 분석하기보다, 조선의 정체성을 민족적 정신으로 끌어올리고, 긍정적 자원만을 추출해내는 방식으로 서사를 설계했다. 이는 단순한 학문적 선택이 아니라 생존 전략이었다. 식민지 경험에서 벗어난 사회가 스스로를 재건하기 위해서는 '우리는 원래 위대한 민족이었다'는 이야기가 필요했기 때문이다. 그러나 바로 이 지점에서 냉정한 자기 분석의 기회는 사라졌다. 조선의 실패에서 교훈을 찾는 대신, 조선의 긍정성을 재구성하는 데 에너지가 집중되었다.

 이런 심리와 욕망이 뒤섞인 상태에서 탄생한 것이 해방기의 첫 번째 역사 만들기였다. 조선은 도덕적으로 우수하지만 외세에 의해 억압받은 나라, 내부 문제는 있었지만 본질적으로는 순결한 문명, 식민지화는 외부의 강압 때문이지 내부 결함 때문이 아니라는 식의 설명이 널리 퍼졌다. 이는 분석이 아니라 자기 미화였다. 이런 서사는 시간이 흐르면서 더욱 공고해졌다. 기억은 정치화되었고, 역사학은 민족적 자존감 회복의 도구가 되었다.

결국 해방 이후의 역사학은 조선이라는 실체를 알아가는 과정이 아니라, 조선이라는 이미지를 만들어내는 과정이었다. 군왕 중심의 비효율적 통치 구조, 빈번한 파벌 투쟁, 개혁 실패의 연속, 국제 질서 변화에 대응하지 못한 폐쇄성, 사회적 생산 구조의 취약함 같은 요소들은 정확히 분석되지 않았다. 이런 문제를 냉정히 들여다봤다면, 한국 사회는 근대 이후의 국가 건설 과정에서 더 깊은 자기 이해를 얻었을 것이다. 그러나 해방기의 역사학은 조선의 실패를 직시하는 대신, 조선의 긍정성을 강조하는 길을 택했다. 이 선택은 심리적으로는 이해할 수 있지만 학문적으로는 치명적이었다.

해방은 독립이었지만, 동시에 자기 이해라는 과제를 남긴 채 떠난 거대한 공백이었다. 한국 사회는 조선을 비판적으로 재해석할 기회를 잃었고, 그 대신 '조선 신화'를 만들어냈다. 이 신화는 국가 정체성을 안정시키는 데 도움이 되었지만, 조선의 구조적 문제를 분석하고 미래의 제도 설계에 반영할 통찰을 가로막았다. 해방 이후 역사학이 만들어낸 '우리에게 유리한 진실'

이 시간이 지나면서 하나의 절대 진리처럼 굳어진 지금, 조선을 다시 볼 시점이 도래했다.

앞으로 『신화가 된 조선』의 모든 장에서 전개될 작업은 바로 이 지점에서 출발한다. 조선을 미화하는 대신, 조선을 분석하고, 조선의 구조적 한계를 드러내고, 그 결과 한국 사회가 어떤 심리 구조와 사유 체계를 형성하게 되었는지를 하나씩 밝히는 과정이다. 조선을 이해한다는 것은 조선을 칭송하는 것이 아니라, 조선이 왜 실패했는가를 이해하는 것이다. 이 비판적 이해 없이는 한국 사회 역시 같은 오류를 반복할 수밖에 없다.

2025.12
방배 언덕배기에서
정광제

1장
해방과 상처의 기억

1. 해방은 끝이 아니라 시작이었다

해방의 순간은 흔히 거대한 광장에 환호가 터져 오르는 장면으로 기억된다. 그러나 그 장면과는 별개로, 해방 직후 조선 사회 전체가 마주한 현실은 환희보다 혼란과 공백에 가까웠다. 사람들은 일제의 지배가 끝났다는 사실에서 즉각적 해방감을 느꼈지만, 국가라는 실체는 그 자리에 존재하지 않았다. 해방은 완성된 종착점이 아니라, 준비되지 않은 출발점이었다. 그 출발점에서 가장 선명하게 드러난 문제는 '우리는 누구인가'를 묻는 정체성의 혼란이었다. 이 혼란은 단순한 감정의 문제가 아니라 구조적 문제였다. 조선 왕조가 이미 19세기 내내 보여준 무능, 국제 질서 변화에 대한 무감각, 근대적 제도 구축의 실패가 누적된 결과로써, 해방은 조선의 내부 구조가 남긴 잔해 위에 얹혀 있었다.

조선의 해방 이후 역사가 다른 나라와 다른 지점을 가진 이유는 바로 이 잔해가 너무 크고 넓었다는 데 있다. 조선 왕조는 이미 18세기 말부터 사회적 생산 구조가 경직되었고, 신분 질서가 경제적 활력과 결합하지 못했으며, 지배층은 정권 유지에 필요한 파벌 정치에 몰두했다. 19세기 들어 서양 세계가 동아시아 질서를 뚫고 들어오고 일본이 근대화를 향해 질주할 때, 조선은 그 변화에 적응하기 위한 최소한의 제도적 기반조차 갖고 있지 못했다. 조선 사회의 무능과 폐쇄성은 식민지화의 직접 원인이라고 단정할 수는 없지만, 그 취약성이 결정적 요인이었음은 부정하기 어렵다. 이런 구조적 취약성에 대한 성찰은 해방 이후 역사학의 가장 중요한 과제가 되었어야 했다. 그러나 막상 역사가 움직인 방향은 그와 정반대였다.

해방은 새로운 국가 건설의 시작이었지만, 당대 지식인 다수는 조선의 구조적 실패를 직면하는 대신 식민 지배의 상처를 중심으로 해석했다. 조선이 실패한 근본 이유를 분석하기보다, 외부의 폭력적 개입이 모든 문제의 핵심이었다는 구도가 강화되었다. 이렇게 되면 역사 서술의 초점은 조선의 무능이 아니라 일본의 억압에 맞춰진다. 물론 일본의 식민 통치에 폭력적이고 억압적인 면이 없었다고 말할 수는 없다. 그러나 이 사실을 강조하는 과정에서 조선의 자체적 실패 요인이 은폐되었다. 해방 직후 형성된 역사 담론은 조선을 분석하는 것이 아니라 조선을 위로하는 데 더 가깝게 작동했다. 그렇게 해서 '해방은 조선이 비로소 원래 자리를 되찾는 순간'이라는 식의 긍정 서사가 탄생했다. 그러나 이 서사는 현실과 동떨어진 자기 위안에 불과했다.

해방 직후 한국 사회가 경험한 가장 뼈아픈 사실은, 국가 재건에 필요한 제도적 능력이 거의 존재하지 않았다는 점이다. 조선은 19세기 내내 중앙 권력이 약화되었고, 지방 관료 체계는 부패와 무능에 빠졌으며, 상업 기반은 빈약했고, 근대 산업의 요소는 거의 형성되지 않았다. 한양의 문벌 귀족 중심 정치 구조는 이미 경제 생산력이 무너진 사회와 어울리지 않았다. 이 모든 구조적 문제는 1910년 병합 이후 일본 제국이 조선의 제도와 인프라를 재구성하는 과정에서도 완전히 해소되지는 않았다. 일본이 만들어놓은 행정 시스템과 산업 기반은 병합기 통치 목적에 특화된 것이었지, 해방 후 조선인들이 자립적 국가를 만들 수 있도록 설계된 것이 아니었다. 그래서 해방 직후 한국 사회는 완전히 새로 시작해야 했지만, 준비된 기반은 없었다.

이런 구조적 공백 앞에서 해방기 역사학은 중요한 역할을 수행했어야 했다. 국가를 복원하기 위해서는 과거 조선 사회의 지속적 실패를 정확히 분석하고, 무엇이 재발하면 안 되는지를 선명히 규명해야 했다. 그러나 현실은 정반대로 진행되었다. 해방 이후의 역사학은 자기 이해보다 자기 보호에 더 가까웠다. 식민 지배의 충격이 너무 컸기 때문에, 조선의 실패 원인을 조선 내부에서 찾는 것은 심리적으로 받아들이기 어려웠다. 그 결과, 조선의 문제는 '외세의 침략이 없었다면 스스로 해결할 수 있었던 일시적 어려움'으로 축소되었고, 실제로는 근본적 구조 실패였던 요소들이 모두 희석되었다.

해방은 조선을 평가할 기회가 아니라 조선을 미화하는 기점이 되었다. 조선은 도덕적 가치가 높은 문명사회였고, 외세의 간섭만 없었다면 근대적 발전을 충분히 이룰 수 있었다는 서사가 널리 자리 잡기 시작했다. 이 서사는 사실보다 필요에서 출발한 것이었다. 새로운 국가가 정체성을 세우기 위해서는 과거를 긍정적 자원으로 활용해야 했고, 조선 사회의 결함을 드러내는 것은 정체성 구축에 장애가 되었다. 그래서 조선은 실패한 나라가 아니라 피해받은 나라로 재규정되었다. 피해는 책임을 지우지 않는다. 이 논리가 역사 서술 전반을 지배하면서 조선의 구조적 취약성은 공론장에서 사라졌다.

사실 해방은 조선이 실패했다는 가장 강력한 증거였다. 스스로 국가를 지켜내지 못했고, 국제 질서의 변화 속에서 생존 전략을 찾지 못했다. 근대화의 파도 앞에서 조선은 제도적 개혁을 추진할 정치적 의지도 없었고, 경제적 기반도 없었으며, 지식인 계층도 국제무대를 이해하지 못했다. 그러나 해방 이후 역사학에서 이러한 사실은 오랜 기간 철저히 다뤄지지 않았다. 조선의 실패는 민족 정체성의 안정에 방해된다고 여겨졌기 때문이다. 해방 후 학계와 교육계는 조선을 비판하기보다 조선을 복원하려 했다. 복원의 방식은 분석이 아니라 정서적 재구성이었다. '조선은 본래 도덕적이고 자주적인 나라였다'는 문장은 사실이 아니라 바람이었다.

해방은 국가 재건과 국민 형성의 출발점이었지만, 과거를 직시하려는 시도는 제도적 측면에서도 부족했다. 일제강점기에 형성된 지식 구조는 해방 이후에도 상당 부분 그대로 유지되었고, 조선의 구조적 한계를 연구하는 학문적 기반은 충분히 축적되지 못했다. 해방기의 정치 상황 역시 이런 구조를 강화했다. 미군정과 이후의 정부는 안정된 국가 정당성을 필요로 했고, 그 정당성은 '우리는 식민 지배를 극복한 민족'이라는 감정적 서사 위에서 구축되었다. 이런 정치적 필요는 조선의 쇠약함과 구조적 무능에 대한 냉정한 성찰을 억눌렀다.

특히 교과서 서술은 이러한 조선 미화의 대표적 사례다. 조선의 당쟁은 '정치적 역동성'으로 표현되었고, 구조적 부패는 '일부 관리의 일탈'로 축소되었다. 세도 정치의 폐해는 왕권의 일시적 약화로 묘사되었으며, 경제적 붕괴는 자연재해나 국제 상황 탓으로 돌려졌다. 조선의 문약함은 외세의 침략 때문이라고 설명되었고, 내부의 개혁 실패는 '시대의 한계'라는 모호한 표현 속에 묻혔다. 이런 서술 방식은 조선을 비판적으로 분석하려는 시도를 일종의 금기처럼 만들었다.

그러나 조선의 실패를 외면한 채 새로운 국가가 온전히 세워지는 일은 불가능했다. 과거를 있는 그대로 분석하지 않으면 미래의 제도도 건강하게 설계될 수 없다. 해방 직후 한국 사회가 겪은 정치적 혼란, 이념적 분열, 제도적 불안정은 조선의 구조적 문제를 직시하지 못한 데서도 비롯되었다. 조선은 해방 이후에도 일종의 정신적 족쇄로 남아 있었다. '조선의 긍정성'이라는 신화는 상처를 일시적으로 완화했지만, 조선이 왜 실패했는지 분석해야 할 책임을 뒤로 미뤘다.

해방은 끝이 아니라 시작이었다. 그 시작은 조선을 보완하는 것이 아니라 조선을 다시 묻는 과정이어야 했다. 조선의 결함을 직시할 때 비로소 조선 이후의 국가가 스스로의 구조와 원리를 제대로 설계할 수 있다. 그러나 해방기의 역사학은 이 숙제를 피했다. 해방의 순간은 조선의 실패를 확인하는 순간이기도 했지만, 사람들은 그 실패의 원인을 분석하는 대신 외세의 억압만을 강조했다. 그 결과 조선의 구조적 취약성은 역사적 기억 속에서 흐려졌고, 한국 사회는 과거의 문제를 반복할 위험을 안은 채 새로운 국가를 세우게 되었다.

해방은 조선의 종결이 아니라 조선 문제의 재등장이었다. 조선의 실패를 분석하지 않았기 때문에 조선의 문제는 다른 형태로 변화해 남아 있었다. 해방은 끝이 아니라 시작이었다. 그리고 그 시작은 오래도록 해결되지 않은 조선의 숙제를 다시 눈앞에 올려놓는 출발점이었다.

2. 국가보다 먼저 생겨난 정체성의 공백

해방이 찾아왔을 때, 조선 사회는 국가가 먼저 존재하고 국민이 나중에 따라붙는 정상적 형성 과정과는 정반대의 상황에 놓여 있었다. 국가라는 실체는 공중에 붕 떠 있었고, 그 비어 있는 공간 속에서 사람들은 갑작스럽게 자기 정체성을 정의해야 했다. 국가가 국민을 규정해주는 구조가 아니라, 국민이 국가를 찾아야 하는 구조였다. 이를 정체성의 공백이라고 부를 수 있으며, 이 공백은 조선 왕조가 남긴 가장 큰 유산 중 하나였다. 조선은 해방 이전부터 이미 근대적 의미의 국가 형성에 실패하고 있었고, 그 실패는 해방과 함께 고스란히 표면으로 드러났다.

조선의 정체성 공백은 단순히 '국가가 없어서 혼란스러웠다'는 정도가 아니라, 국가라는 개념 자체가 사회의 인식 구조 속에서 제대로 자리 잡지 못한 상태를 의미한다. 조선 왕조는 왕실 중심의 질서였지, 국민 개념을 가진 근대 국가가 아니었다. 왕조의 정통성과 유교적 규범이 정치의 중심이었고, 백성이라는 존재는 국가의 구성원이라기보다 군주가 권력을 행사하는 대상에 가까웠다. 백성은 통치의 객체였지 주체가 아니었다. 이런 체계에서는 근대적 의미의 '국가 정체성'을 형성할 기반이 생기기 어렵다. 조선 후기의 파벌 정치와 문벌 체계는 이 문제를 더욱 심화시켰다. 국가는 백성을 대표하지 않았고, 백성 역시 국가를 자신의 것으로 인식하지 않았다.

근대적 국민국가가 성립하려면 세 가지 조건이 필요하다. 하나, 독립적이고 안정된 영토를 인정하는 정치 구조. 둘, 구성원들이 자신을 동일한 공동체 구성원으로 인식하는 사회적 상상력. 셋, 구성원과 국가가 서로를 정당한 관계로 받아들이는 정치적 계약. 그러나 조선은 이 세 조건을 모두 충족하지 못했다. 외세와의 관계에서는 늘 소극적이었고, 국제 질서 변화에 대응한 능력도 미약했다. 사회 내부의 공동체 의식은 지역·신분·문벌 단위로 분절되어 있었고, 전국적 단위의 정체성은 거의 형성되지 않았다. 정치적 대표성 역시 없었다. 이런 상황에서 근대적 정체성을 형성하는 것은 구조적으로 불가능했다.

조선의 정체성 공백은 19세기 중반 이후 더욱 뚜렷해진다. 당시 조선은 세계 질서가 급변하고 있다는 사실을 제대로 이해하지 못했다. 서양 세력의 등장, 일본의 근대화, 중국 내의 변동이 연속적으로 일어났지만, 조선 정치 구조는 기존의 유교적 질서를 유지하는 데 급급했다. 국가의 자기 인식은 여전히 중화 질서에 갇혀 있었고, 외부 세계와의 관계는 전통적 사대 외교로만 해석되었다. 조선의 세계관은 이미 현실성과 괴리되어 있었지만, 지배층은 이를 고쳐야 할 문제로 인식하지 않았다. 이처럼 세계 인식 자체가 시대와 어긋난 상태에서는 국가 정체성의 근대적 재구성이 이루어질 수 없다.

이 공백은 조선 내부의 계층 구조에서도 확인된다. 양반-상민-천민이라는 신분 제도는 사회 구성원들이 동일한 공동체 정체성을 공유하지 못하도록 막았다. 조선 사회는 하나의 통합된 공동체라기보다, 상층부가 하층부를 지배하는 위계 구조였다. 이런 사회에서는 '조선인'이라는 단일한 정체성이 생겨나기 어렵다. 상층부는 자기 문벌을 중심으로 정체성을 구축했고, 하층부는 국가로부터 보호받지 못하는 존재로 남았다. 해방 이후 한국 사회가 '국민'이라는 개념을 급하게 도입해야 했던 이유는, 조선시대에 그러한 개념이 사실상 실종되어 있었기 때문이다.

정체성 공백의 또 다른 중요한 원인은 정치적 대표성의 부재였다. 조선은 관료제 기반의 체제였지만, 이 관료제는 백성을 대표하는 제도가 아니라 문벌 엘리트 집단이 자기 이익을 관리하기 위한 장치에 가까웠다. 백성은 국정을 운영하는 주체로 참여하지 못했고, 자신의 이익이 국가에 반영된다는 감각도 갖지 못했다. 이런 사회에서 근대적 국민 정체성은 형성될 수 없다. 국가와 구성원이 서로를 인정하는 관계가 존재하지 않았기 때문에, 해방 후 국가가 사라지자 구성원들은 국가의 부재를 존재론적 위기로 느꼈다. 이는 정체성의 공백이 단순한 제도적 문제를 넘어 사회적·심리적 문제였음을 보여준다.

해방 이후 한국 사회가 마주한 혼란은 바로 이 공백에서 비롯되었다. 국가가 먼저 존재하는 것이 아니라, 공백 상태 속에서 국가를 만들고 동시에 그 국가에 자신을 맞춰야 하는 이중 작업을 해야 했다. 이런 상황에서는 과거 조선 사회의 구조적 결함을 냉정하게 분석할 필요가 있었다. 조선이 왜 근대적 국가로 발전하지 못했는지, 왜 국민 개념이 형성되지 못했는지, 왜 지역·신분·문벌이 공동체를 분절했는지를 살펴야 했다. 그러나 해방기의 역사 담론은 이 작업을 제대로 수행하지 않았다. 오히려 조선 왕조의 긍정적 요소만을 강조하거나, 조선이 근대화에 실패한 원인을 외부 요인에 돌리는 방식이 일반화되었다.

정체성 공백을 직시하지 못한 결과, 해방 후 한국 사회는 새로운 국가 정체성을 매우 빠르게, 그러나 불안정하게 구축해야 했다. 미군정이 임시 행정 체계를 유지했지만, 그것은 외부에서 임시로 덧씌워진 구조였지 내부에서 자생적으로 발전한 체계가 아니었다. 이 때문에 국가적 정체성은 외부

의존적일 수밖에 없었다. 구성원들은 국가를 자기 것으로 느끼기보다 새로 주어진 시스템에 적응해야 하는 대상으로 인식했다. 이는 조선 시대의 '관(官)' 중심 질서가 해방 후에도 다른 형태로 재현된 것이었다.

정체성 공백은 해방 후 한국 사회의 정치 양상에서도 드러난다. 좌우 이념 갈등, 지역 기반 정치, 계층 간 대립 등은 대부분 조선 후기 사회 구조의 연장선상에서 이해할 수 있다. 조선의 정체성 부재는 단지 국가의 부재가 아니라 '우리가 하나의 공동체인가?'라는 질문을 제대로 던진 적이 없었다는 데서 비롯된다. 조선은 자신을 중화 질서의 일부로 인식했지만, 그 인식은 조선 내부의 통합된 정체성을 강화하기보다 지배층의 사상적 안정감을 위한 장치에 가까웠다. 조선은 '중국 문명의 주변부'로 자신을 이해했지, 독자적 민족 공동체로 자신을 이해하지 않았다.

이런 점에서 정체성 공백은 조선의 사유 구조가 낳은 필연이었다. 조선은 근대 이전 동아시아 질서에 깊이 뿌리박혔고, 그 질서가 붕괴한 뒤에도 새로운 세계 인식을 만들어내지 못했다. 해방 이후의 한국 사회는 그 공백을 민주주의, 민족주의, 반공주의 등으로 채워 넣으려 했지만, 이는 근본적 정체성 문제를 해결하는 방식이 아니라 정치적 당면 과제를 처리하는 방식에 가까웠다. 정체성의 부재는 장기적 문제였고, 조선 시대에 형성된 사상적 틀을 해체하지 않는 한 지속될 수밖에 없었다.

결국 정체성 공백은 조선이라는 국가가 근대적 국민국가로서의 성격을 제대로 형성하지 못한 데서 비롯되었다. 해방은 단순히 일본 제국에서 벗어난 사건이 아니라, 조선이 미처 해결하지 못한 정체성 문제를 대한민국이 고통스럽게 떠안게 된 사건이었다. 그리고 그 공백을 어떻게 메우는가가 이후 한국 사회의 정치와 역사 서술을 결정했다. 해방 후 형성된 국가 정체성은 이 공백을 메우기 위해 조선의 이미지를 재구성했고, 그 과정에서 조선의 실제 문제는 숨겨졌다.

정체성의 공백은 조선에 대한 비판을 회피한 결과로 더욱 커졌다. 조선의 실패를 인정하고, 정체성 부재의 원인을 정확히 분석하는 작업은 국가 형성의 기초였어야 한다. 그러나 해방 후 한국 사회는 조선을 하나의 신화적 원천으로 삼으면서, 내부 문제를 분석하기보다 외부의 억압을 중심 서사로 삼았다. 그 결과, 국가보다 먼저 생겨난 정체성 공백은 20세기 후반까지 한국 사회의 정치적·심리적 구조를 흔드는 핵심 문제가 되었다.

조선은 국가를 제대로 만들지 못했고, 그 실패는 정체성이라는 가장 기본적인 기반부터 무너뜨렸다. 해방은 그 공백을 드러내는 계기였을 뿐 해결이 아니었다. 조선의 문제를 직시하지 않으면 새로운 국가도 안정될 수 없다. 정체성의 공백은 조선의 유산이며, 그 유산을 정확히 이해하는 것이 해방 이후 한국 사회가 풀어야 할 첫 번째 과제였다.

3. 식민 경험이 남긴 불안의 구조

식민 통치는 한국 사회에 물리적 피해만 남긴 것이 아니었다. 더 깊고 오래 지속된 것은 불안이라는 심리적 구조였다. 이 불안은 일제의 통치에서만 비롯된 것이 아니라, 식민지화 이전 조선 사회가 이미 지닌 구조적 취약성에서 확대된 것이었다. 조선의 무능과 제도적 경직성, 국제 정세를 읽지 못한 폐쇄적 세계관은 식민 경험을 단순한 외부 충격이 아니라 내부 실패가 누적된 결과로 만들었다. 그 때문에 해방 이후 한국 사회는 식민 통치에서 벗어났음에도 불구하고, 조선의 오랜 취약성을 반복해서 재현하게 되었다. 불안의 뿌리는 조선 내부에 있었고, 그 위에서 식민 경험이 심리적 구조로 굳어졌다. 이 장은 그 구조를 정교하게 해부하는 작업이다.

식민 경험의 불안을 이해하려면 먼저 조선이 식민지화 이전 어떤 상태였는지 돌아봐야 한다. 조선의 통치 체제는 19세기 후반에 이르러 사실상 자율적 힘을 상실한 상태였다. 행정 체계는 군현 단위로 분절되어 있었고, 왕권은 파벌 정치에 의해 반복적으로 소모되어 제 기능을 상실했다. 중앙과 지방의 연결도 약해졌으며, 외교 정책은 국제 질서의 변화에 대응할 준비가 전혀 되어 있지 않았다. 조선은 스스로의 생존을 스스로 보장할 능력을 잃고 있었다. 이런 취약한 내부 구조는 외부 충격이 왔을 때 국가 전체가 순식간에 흔들릴 수밖에 없는 조건이었다. 식민지화는 외부의 폭력적 선택이었지만, 조선이 그렇게 쉽게 무너졌다는 사실은 내부 구조의 문제를 명확히 드러낸다.

바로 이 지점에서 불안의 구조가 형성된다. 무너진 것은 외부가 아니라 내부였다는 사실을 자각하기 어렵다는 점이 불안을 고착화한다. 조선의 붕괴는 식민통치가 아니라, 조선 자신이 만든 것이었다. 해방 이후 이 사실을 직면하는 것은 심리적으로 감당하기 어렵다. 그래서 한국 사회는 조선의 실패를 설명하는 대신, 일제의 강압통치를 중심으로 서사를 구성했다. 그러나 이렇게 외부 요인만을 강조할수록, 조선이 스스로 해결하지 못한 구조적 문제는 잠재된 불안으로 남는다. 불안은 숨길수록 커진다. 조선의 실패를 마주하지 않을 때, 그 실패는 다시 반복될 수 있는 '현재의 위험'이 된다.

식민 경험이 남긴 불안의 두 번째 특징은 정체성의 불안정성이다. 조선은 자신을 동아시아 중화 질서 속에 위치 시키며 문명의 주변부로 스스로를 인식했다. 근대 세계가 도래했을 때, 이 세계관은 더 이상 작동하지 않았다. 조선은 갑작스러운 문명 전환 앞에서 스스로의 정체성을 재정립할 능력을 갖추지 못했다. 일본이 조선을 병합하자 조선 사회는 자신이 근대 세계에서 어떤 위치를 가져야 하는지 정의하지 못한 채, 일본이 만든 체계 안에 끌려 들어갔다. 자기 정체성의 부재 속에서 타자의 규범에 종속된 경험은 해방 후에도 쉽게 회복되지 않았다. 이것은 개인의 심리적 상처가 아니라 사회 전체의 구조적 문제였다.

그 때문에 식민 경험 이후 한국 사회에서는 외부 평가에 과도하게 민감하게 반응하는 경향이 나타났다. 타인의 시선을 통해 스스로의 가치를 확인하려는 심리, 국가 정체성이 외부 비교를 통해 확립된다고 믿는 구조, 국제 평가에 과민한 반응을 보이는 태도 등이 모두 이 정체성 불안에서 비롯된다. 조선이 자립적 정체성을 갖지 못하고, 근대 전환기에 주체적 국가 정체성을 구축하지 못한 채 식민 지배로 넘어간 경험이 불안의 토대가 되었다.

세 번째로 중요한 점은 책임 회피의 구조다. 식민 경험을 단순화하면 '우리는 피해자이며, 책임은 전적으로 외부에 있다'라는 서사가 만들어진다. 이 서사는 심리적으로 편안하지만, 구조적 진실과는 거리가 있다. 조선의 관료 체계는 무능했고, 지배층은 백성의 생존보다 문벌을 유지하는 데 집착했으며, 경제 조직은 비효율적이었다. 이러한 내부적 원인을 인정하지 않으면, 식민 경험은 단순한 외부 침략으로 축소되고, 내부 책임은 사라진다. 그러나 책임 회피는 불안을 제거하지 않는다. 오히려 불안을 장기화한다. 왜냐하면 책임을 외부에만 두는 순간, 내부 문제는 언제든 다시 재현될 수 있기 때문이다.

해방 이후의 역사 담론도 이 불안 구조의 연장선에서 형성되었다. 조선의 구조적 실패를 분석하기보다, 식민 통치의 폭력성을 중심으로 서술함으로써 우리는 억압에서 벗어난 '피해자'로 남는다. 피해자는 미화될 수 있지만 성장할 수 없다. '우리는 억울했다'는 감정이 국가 정체성을 구성하면, 조선의 제도 실패와 엘리트 집단의 무능을 분석하는 작업은 '민족을 비난하는 행위'로 오해된다. 그 결과 조선의 취약성은 역사적 교훈이 아니라 금기처럼 다뤄졌다. 금기는 곧 불안이다. 직면하지 않은 문제는 계속해서 현재를 흔든다.

네 번째 구조는 능력에 대한 불신이다. 식민지 경험은 단순히 타국의 지배를 의미하는 것이 아니라, 스스로를 지킬 힘이 없었다는 경험을 반복적으로 각인시키는 과정이었다. 타국의 통치를 직접 경험한 사회에서는 '우리는 우리 스스로 국가를 운영할 수 있는가?'라는 의문이 쉽게 사라지지 않는다. 이 불안은 해방 후 정부 수립 과정에서 정치적 양극화, 이념 갈등, 권위주의적 통치 등의 형태로 나타났다. 자기 능력에 대한 불신이 깊을수록, 외부의 위협을 과장하거나 내부 갈등을 극단적으로 확대하는 현상이 발생한다. 이러한 불안 구조는 조선의 무능이 오랜 시간 누적된 결과였고, 식민 통치는 그 무능을 극적으로 증폭시키는 계기였다.

다섯 번째 구조는 과거와의 단절 실패다. 식민 경험은 조선의 제도적 결함을 드러냈지만, 조선이 바로 해체된 것은 아니었다. 조선의 사상 체계, 가치관, 관료 문화는 식민지 시기에도 형태를 바꿔가며 유지되었다. 해방 이후에는 이런 잔존 구조가 다시 떠올라 사회 변동의 발목을 잡았다. 조선의 낡은 관료주의는 해방 후 새 정부의 관료 조직에 그대로 스며들었고, 권위주의적 통치 문화는 정치 체계 전반의 습성으로 자리 잡았다. 과거의 문제를 청산하지 못한 채 새로운 국가가 만들어지는 과정은 식민 통치를 과거의 한 사건이 아니라 '현재의 그림자'로 만들었다. 그림자는 사라지지 않는다. 직면해야만 사라진다.

여섯 번째 구조는 감정적 민족주의의 강화다. 식민 통치는 민족적 자존심을 훼손하는 극단적 경험이었다. 이 경험은 한국 사회를 민족주의로 결집시키는 효과를 냈지만, 이 민족주의는 자기 반성이 결핍된 형태였다. 조선이 왜 식민지가 되었는지 분석하는 대신, '일본의 침략 때문에 우리가 상처받았다'는 감정이 우선순위를 차지했다. 이 감정은 식민 지배의 고통을 이해하는 데 필요하지만, 조선의 구조적 취약성을 은폐하는 효과도 동시에 만들어냈다. 불안은 감정적 민족주의 속에서 더욱 강화되었다. 감정은 위로가 될 수 있지만 문제를 해결하지 않는다.

일곱 번째 구조는 지식인의 역할 실패다. 해방 직후 지식인들은 조선을 비판적으로 평가하고 새로운 국가의 방향을 제시할 책임이 있었다. 그러나 상당수 지식인들은 조선의 제도적 실패를 분석하기보다 민족적 위로를 제공하는 서사에 집중했다. 이는 식민 경험의 고통을 이해하려는 시도였지만, 동시에 조선의 문제를 구조적으로 분석할 기회를 잃게 만들었다. 지식인의 회피는 대중의 회피로 연결되고, 회피는 곧 불안의 고착으로 이어졌다. 조선의 실패를 분석하지 않는 사회는 식민 경험을 반복적으로 되새기며 정체성을 외부에 기대게 된다.

마지막 구조는 기억의 정치화다. 식민 경험은 감정적으로 강렬하기 때문에 정치적 활용의 대상이 되기 쉽다. 해방 이후 다양한 정치 세력은 식민 경험을 자신의 정당성을 확립하는 데 활용했다. 이러한 활용은 식민 경험을 '분노의 원천'으로 고정시키는 동시에, 조선 내부의 문제를 다시 논의하지 못하게 만드는 효과를 냈다. 조선의 실패를 분석하는 작업은 곧 정치적 위험으로 간주되기 시작했다. 정치화된 기억은 분석을 허용하지 않는다. 그 결과 식민 경험은 역사적 사건이 아니라 계속해서 현재를 규정하는 심리적 구조로 남았다.

식민 경험이 남긴 불안의 구조는 외부 억압이 만든 상처가 아니라 조선 내부의 취약성이 폭발한 뒤 남겨진 심리적·사회적 잔해였다. 이 잔해가 해방 이후의 국가 형성 과정에서 재가공되면서 불안은 더욱 공고해졌다. 불안을 제거하는 방법은 한 가지뿐이다. 조선의 실패를 정면에서 분석하는 것이다. 조선이 왜 무너졌는지, 구조적 취약성이 무엇이었는지, 어떤 사유 방식이 국가를 약화시켰는지 밝히지 않는 한, 식민 경험은 계속해서 한국 사회의 내부에서 반복될 것이다. 식민 경험의 불안을 극복하기 위해 필요한 것은 감정적 위로가 아니라, 조선에 대한 냉정한 해부다.

4. 역사가 심리적 치료제가 된 시대

해방 이후 한국 사회에서 역사는 사실을 탐구하는 학문이라기보다, 상처 받은 집단이 자신을 위로하기 위해 동원하는 일종의 심리적 장치로 변모했다. 역사가 누군가의 마음을 달래는 '치료제'가 되면 역사 서술은 객관적 분석에서 멀어지고 감정적 목적을 수행하게 된다. 이 현상은 단순한 사회적 분위기의 변화가 아니라, 조선 사회가 오랜 기간 축적해온 구조적 무능과 정체성 결핍이 해방 직후 폭발하면서 형성된 것이다. 조선 왕조는 스스로를 설명할 능력이 부족했고, 그 부족함은 식민지 경험을 거치며 더욱 심화되었다. 해방 이후 한반도는 그 공백을 메우기 위해 역사라는 도구를 새로운 방식으로 사용하기 시작했다.

조선은 긴 시간 동안 자기 성찰을 거의 하지 않은 사회였다. 왕조는 정통성과 명분을 강조했지만, 그 명분은 실제 통치 능력을 강화하는 데 사용되지 않았다. 정치 구조는 파벌과 문벌 중심으로 고착되었고, 사회적 문제는 도덕적 논리로 해결할 수 있다고 믿었다. 조선 후기에 들어 비효율과 무질서는 더욱 심각해졌지만, 이러한 문제를 체계적으로 분석하려는 지적 전통은 발달하지 않았다. 이런 배경에서 근대적 국가의 붕괴와 식민지 경험은 조선 사회가 자기 자신을 이해하는 방식을 완전히 붕괴시켰다. 해방 이후의 역사는 이 붕괴된 세계관을 재건하기 위해 호출되었다. 그러나 재건의 방식은 분석이 아니라 위로였다.

역사가 위로의 도구가 되는 첫 번째 조건은 심리적 공백의 형성이다. 해방은 조선 왕조의 질서와 식민지 체제 모두가 동시에 사라진 순간이었다. 사회는 기준점을 잃었고, 정체성은 공중에 떠 있었다. 새로운 국가가 형성되기 전에 먼저 필요한 것은 과거를 어떤 서사로 기억할 것인가에 대한 결정이었다. 사람들은 조선의 실패를 반성하기보다, 조선을 긍정적으로 재해석하며 자기 존재를 안정시키고자 했다. 역사는 이러한 정체성 회복의 도구가 되었다. 과거는 사실로 구성되지 않고, 현재의 심리를 안정시키기 위해 선택적 기억을 중심으로 재편되었다.

두 번째 조건은 집단적 치유 욕구의 폭발이다. 식민지 경험은 한국 사회에 깊은 열등감과 상실감을 남겼다. 타국의 지배를 직접 경험한 사회는 스스로에 대한 신뢰를 되찾는 과정에서 심리적 치료가 필요하다. 그러나 문제는 이 치료 행위가 조선 자체의 구조적 한계를 직면하는 대신, 조선을 미화하는 방향으로 흘렀다는 점이다. 역사는 사실을 기반으로 치유를 도와야 하지만, 조선을 분석하는 대신 조선을 칭송하는 서사가 만들어지면 치유가 아니라 자기 기만이 된다. 해방 이후 조선은 스스로 실패한 나라가 아니라 '억압받아 잠재력을 발휘하지 못한 나라'로 재해석되었고, 이러한 재해석은 감정적으로는 편안했지만 진실과는 거리가 있었다.

세 번째 조건은 지식인의 역할 전환이다. 해방 초기 지식인들은 국가 건설을 위해 역사적 진단을 수행해야 했다. 그러나 상당수 지식인은 조선의 문제를 분석하는 대신, '민족적 자긍심'을 회복하는 데 집중했다. 이는 당대의 정치적·심리적 요구를 충족시키는 데는 효과적이었지만, 조선을 다시 이해하는 데 필요한 비판적 틀을 파괴했다. '우리는 원래 위대한 민족이다'라는 서사는 사실 확인이 아니라 치료의 언어였다. 지식인은 사회의 상처를 달래는 일을 맡게 되었고, 그 결과 역사학은 엄밀한 학문에서 감정적 언술로 변질되기 시작했다.

역사가 치료제가 되는 네 번째 지점은 불편한 사실의 제거다. 조선의 비효율적 제도, 개혁 실패, 상층부의 무능, 경제 구조의 낙후성 등은 해방 이후 역사 서술에서 거의 다뤄지지 않았다. 이는 정치적 목적 때문에 은폐된 것이 아니라, 심리적 부담 때문에 회피된 것이다. 조선의 실패를 인정하는 일은 곧 스스로의 무능을 인정하는 일처럼 받아들여졌고, 대중은 그런 진실을 듣고 싶어하지 않았다. 사실을 제거한 공간에 감정적 서사가 들어섰고, 이 서사는 시간이 지나면서 국가 정체성에 깊숙이 자리 잡았다. 치유를 위해 도입된 서사는 점차 누적되며 일종의 '역사적 진실'처럼 굳어졌다.

다섯 번째 조건은 민족주의의 상승이다. 민족주의는 상처받은 사회를 결속시키는 데 효과적이다. 그러나 민족주의가 지나치게 강화되면 과거에 대한 비판적 시각이 사라지고, 역사가 정서적 도구로 전락한다. 조선에 대한 분석적 연구는 '민족을 비난하는 행위'처럼 여겨졌고, 대중은 조선의 결함을 언급하는 논의를 거부하는 경향을 보였다. 이때 역사는 사실을 설명하는 학문이 아니라 '우리의 영혼을 살리는 메시지'가 되었다. 조선이 실제로 어떤 사회였는지를 설명하는 일은 사라지고, 조선이 어떤 사회였으면 좋았을지를 묘사하는 서사가 자리 잡았다.

역사가 심리적 치료제가 되는 여섯 번째 구조는 정치적 동원의 도구가 된 기억이다. 각 정치 세력은 자신이 원하는 정체성을 구축하기 위해 역사 서술을 전략적으로 활용했다. 우파는 반공이라는 대의를 강화하기 위해 민족주의 서사를 사용했고, 좌파는 외세의 침략과 민중의 고난을 강조함으로써 정치적 정당성을 확보하려 했다. 이 과정에서 역사는 사실을 넘어서 정치적 감정 조절 장치가 되었다. 치유 기능은 정치 동원 기능으로 확대되었고, 치유는 결국 정파적 목적과 결합하며 왜곡되었다.

일곱 번째로, 역사가 치료제가 된 시대에서는 현재의 불안이 과거를 지속적으로 재해석한다. 조선의 실패를 정확히 분석하지 않은 사회는 현재 문제를 해결할 때도 조선의 결함을 재현한다. 예컨대 제도적 무능이 드러나면 '우리의 장점이 억눌렸던 식민지의 영향'으로 설명하거나, 국제 경쟁에서 뒤처지면 '과거의 억울함을 아직 극복하지 못한 탓'이라는 서사가 동원

된다. 이런 패턴은 현재의 문제를 과거에 투사하며 책임을 회피하게 만들고, 조선의 구조적 실패를 제대로 직시할 기회를 다시 미룬다. 이렇게 과거는 계속해서 현재에 영향을 미치는 '반복되는 위로의 텍스트'로 남아 있게 된다.

여덟 번째 구조는 역사가 현실 인식 능력을 약화시키는 순간이다. 위로(慰勞) 중심의 역사는 독자를 안심시키지만 현실을 분석하는 데 도움이 되지 않는다. 조선이 실제로 어떤 사회였는지를 파악하고, 그 결함을 극복하는 방향으로 국가를 설계해야 함에도 불구하고, 치유 중심의 역사 서술은 불편한 데이터를 무시하고 위험 신호를 감각에서 지워버렸다. 그 결과, 한국 사회는 반복적으로 구조적 취약성을 드러내는 문제를 경험하면서도 이를 조선의 문제와 연결해 이해하지 못했다. 치료적 서사는 사회의 자기 이해 능력을 차단하는 역설적 효과를 낳았다.

마지막으로, 치유 중심의 역사학은 책임의 균형을 무너뜨린다. 조선의 실패는 외부의 침략만으로 설명될 수 없다. 내부의 제도적 한계, 정치적 무능, 경직된 사상 체계가 누적되면서 조선은 스스로 생존 능력을 약화시켰다. 그러나 위로의 역사학은 이 내부 책임을 외면했다. 외부 탓으로만 돌린 역사는 구성원에게 자기 성찰의 기회를 허용하지 않았다. 치유는 위로를 주지만, 책임을 희석시키기 때문에 성장을 방해한다. 이 균형 상실은 해방 이후 한국 사회가 반복적으로 겪어온 정치적 실패와 사회적 불안정의 중요한 원인이다.

역사가 심리적 치료제가 된 시대는 조선을 실제보다 더 좋게 만들었고, 한국 사회는 그 결과 스스로를 정확히 이해할 기회를 잃었다. 치유는 상처를 완화하지만 문제를 해결하지 못한다. 조선의 구조적 실패에 대한 분석을 회피한 채 만들어진 위로의 서사는 현재의 불안을 잠재우는 데는 효과적이었지만, 장기적으로는 사회 전체의 판단력을 약화시켰다. 조선이 실패한 이유를 파악하는 일은 과거를 비난하기 위한 작업이 아니라, 현재를 제대로 이해하고 미래를 설계하기 위한 기초 작업이다. 그러나 해방 이후 한국 사회는 그 기초를 '위로의 역사'로 대체했다. 이 대체 과정이 남긴 상처는 아직 끝나지 않았다.

5. '우리의 역사'라는 말이 만들어내는 착시

해방 이후 한국 사회에서 우리의 역사라는 말은 단순한 문장 이상의 역할을 했다. 이 표현은 공동체를 결속시키는 긍정적 기능을 수행했지만, 동시에 역사 전체를 왜곡시키는 중요한 심리적 장치로 작동했다. '우리의'라는 말이 가지는 포괄적이고 따뜻한 어감은 사실을 부드럽게 포장하는 효과가 있었다. 문제는, 역사는 포근한 담요가 아니라 냉정한 해부대에 더 가까운 학문이라는 점이다. 그러나 해방 이후 한국 사회는 이 학문적 태도를 충분히 적용하지 못한 채, 우리의 역사라는 표현에 과도한 감정적 의미를 부여했다. 그 순간부터 역사는 사실을 검토하는 작업이 아니라, 공동체의 자존감을 보호하는 상징적 도구가 되었다. 바로 이 지점에서 착시가 발생한다.

첫 번째 착시는 역사가 곧 '우리 편의 기록'이라는 오해다. 우리의 역사라는 말은 자연스럽게 '우리에게 유리한 역사'라는 의미로 흘러가기 쉽다. 한국 사회는 해방 직후부터 자신을 피해자로 규정하고, 과거를 외부의 억압에 초점을 맞춘 서사로 재구성해 왔다. 이 과정에서 조선 사회의 결함과 실패는 충분히 분석되지 않았다. 조선 왕조의 행정적 무능, 근대적 감각의 부족, 엘리트 집단의 책임 회피, 경직된 사회 구조는 우리의 역사라는 말 속에서 감정적으로 보호되었다. '우리의 것'을 비판하는 일 자체가 금기처럼 여겨지면서, 조선의 구조적 한계는 사실상 공론장에서 사라졌다. 조선을 분석 대상으로 보지 않고 감정적으로 소중한 유산처럼 다루는 순간, 역사는 학문적 탐구의 영역에서 멀어진다.

두 번째 착시는 '우리'라는 범주가 실제로는 존재하지 않았다는 사실을 가린다는 점이다. 조선은 근대적 의미의 국민 공동체를 형성한 적이 없다. 신분제는 사회 구성원을 하나의 공동체로 묶지 못했고, 지역과 문벌 중심 구조는 내부 분열을 고착화했다. 이런 사회에서 '우리'라는 단일한 정체성은 애초에 성립할 수 없었다. 그러나 해방 이후 우리는 조선과 대한민국을 같은 공동체가 연속적으로 이어진 것처럼 묘사했다. 즉, 존재하지 않았던 '우리'를 역사를 통해 새로 만들어낸 것이다. 이 논리는 정치적으로는 유효했지만, 역사적으로는 오류였다. 조선은 국민 공동체가 아니라 지배층 중심의 왕조 체제였고, 백성의 삶은 국가의 정체성과 거의 연결되어 있지 않았다. 우리의 역사라는 말은 이 단절의 현실을 감춘다.

세 번째 착시는 도덕적 우월감의 형성이다. 우리의 역사는 종종 '우리는 본래 훌륭한 민족이었다'는 생각과 연결된다. 이런 사고는 조선의 실제 모습을 이해하는 데 큰 방해가 된다. 조선 왕조가 이상적 유교 국가였다는 서술은 사실보다 기대에 가깝다. 조선의 현실은 파벌 정치의 난맥, 개혁의 반복적 실패, 외교적 무능, 폐쇄적 세계관, 낮은 경제 생산력, 신분제의 경직성 등 수많은 문제를 안고 있었다. 그러나 우리의 역사는 이런 문제를 설명하기보다, 도덕적 정당성을 강조하는 방향으로 변질되고는 했다. 조선의 실패조차 '우리가 착했기 때문에 당했다'는 방식으로 해석되기도 했다. 이 과정에서 역사는 사실을 밝히기보다 도덕적 만족을 제공하는 기능을 수행했다.

네 번째 착시는 역사가 감정의 보호막으로 기능한다는 점이다. 식민 경험이 남긴 상처 앞에서 한국 사회는 스스로를 방어할 서사가 필요했다. 그 서사가 바로 우리의 역사였다. 조선 시대의 부족함을 사실대로 말하면 집단 정체성이 무너질 것 같다는 불안, 패배 의식을 견디기 어렵다는 감정이 결합되어, 조선을 상처를 치유하기 위한 일종의 위안제로 재해석했다. 그 결과 조선의 역사적 실패는 '억압을 당한 피해자의 역사'로 변형되었다. 피해자는 비판을 받지 않는다. 피해자는 위로받아야 한다. 이런 논리가 조선에 대한 냉정한 분석을 가로막았다.

다섯 번째 착시는 역사학이 비판을 멈추는 순간 발생하는 학문적 후퇴다. 우리의 역사라는 말은 자연스럽게 '우리 내부를 비판하는 것은 배신'이라는 인식을 강화한다. 조선의 무능이나 구조적 실패를 지적하면, 그것이 사실이더라도 공동체의 '정서'에 반한다고 여겨지는 분위기가 형성되었다. 이 때문에 역사 연구는 민감한 주제를 피하고, 비교적 안전한 서사에 머무르게 되었다. 학문이 정서를 넘어서지 못할 때, 새로운 질문도, 새로운 분석도 등장하지 않는다. 조선의 문제를 직시할 기회를 잃은 것이다. 역사는 사실을 해석하는 학문이지만, 사실을 감추는 순간 학문적 권위를 상실한다.

여섯 번째 착시는 '우리의 역사' 속에 은폐된 선택적 기억이다. 해방 이후 한국 사회는 조선의 긍정적 요소는 크게 확대하고, 부정적 요소는 축소하거나 외면했다. 조선의 문화적 성취, 문학적 유산, 사상적 깊이는 강조되지만 조선 사회의 폐쇄성, 실용적 지식의 빈곤, 기술적 발전의 정체, 상층부의 책임 회피는 깊이 다뤄지지 않았다. 특히 조선 후기의 국가적 붕괴 과정은 체계적으로 분석되지 않았고, 외세의 침략이라는 단일 원인으로 단순화되었다. 이런 선택적 기억은 공동체의 자존감을 보호하는 데는 유효했지만, 실제 역사 이해를 왜곡했다.

일곱 번째 착시는 과거와 현재를 동일시하는 오류다. 우리의 역사는 조선과 현대 한국 사회가 연속성을 가진다고 전제한다. 그러나 조선은 지금의 한국과 전혀 다른 정치 체제, 사회 구조, 가치 체계를 가진 사회였다. 조선은 개인의 권리 개념을 발전시키지 못했고, 국가의 책임을 분명히 규정하지 못했으며, 근대적 시민의식도 형성하지 못했다. 이런 사회를 오늘의 관점에서 '우리의 역사'라고 부르며 동일한 정체성으로 포괄하는 것은 역사적 사실과 괴리된다. 조선은 오늘의 대한민국과 연결된 뿌리이지만, 그 뿌리는 때로는 절단하거나 교정해야 할 지점이기도 하다. 그러나 우리의 역사라는 말은 조선의 문제점을 마치 공동체가 반드시 끌어안아야 할 유산처럼 오해하게 만든다.

여덟 번째 착시는 비판적 사고의 소멸이다. 역사가 공동체의 심리적 방패로 기능할 때, 비판적 사고는 위협으로 간주된다. 조선을 분석적으로 바라보려는 시도는 '민족 정체성을 훼손하는 행위'처럼 여겨지고, 조선의 현실을 비판적으로 해석하는 연구는 '부정적'·'반민족적'이라는 딱지를 받게 된다. 이런 분위기에서 지성의 자율성은 위축되고, 역사학은 정치적·감정적 기대를 충족시키는 산업으로 전락한다. 조선에 대한 진실한 질문은 사라진다. 질문이 사라진 자리를 채우는 것은 신화다. 조선은 신화적 공간이 되고, 신화는 비판을 허용하지 않는다.

마지막 착시는 책임의 왜곡이다. 우리의 역사라는 말은 조선의 실패를 사회 전체의 실패로 포괄하면서도, 동시에 그 실패를 특정한 구조나 집단의 책임으로 세밀하게 분해하지 못하게 만든다. 조선의 무능은 왕실의 문제였는가, 관료제의 문제였는가, 사대부의 문제였는가, 경제 구조의 문제였는가? 이런 근본 질문은 감정적 서사 속에서 묻힌다. 집단적 감정은 책임을 분산시키고 흐려버린다. 조선의 문제를 외부 요인으로 돌릴수록 내부적 개혁의 필요성은 희미해진다. 그 결과 한국 사회는 조선의 실패에서 배울 기회를 제대로 갖지 못했다. 공동체는 위로받았지만, 교훈은 사라졌다.

'우리의 역사'라는 말은 애초에 공동체의 상처를 덮기 위한 심리적 도구로 기능했다. 그러나 위로는 이해를 대체할 수 없고, 감정적 보호는 구조적 문제를 해결해주지 않는다. 우리가 진정으로 필요한 것은 조선을 '우리의 것'

으로 보호하는 것이 아니라, 조선을 '분석의 대상'으로 놓는 것이다. 조선은 아름답게 포장해야 할 유산이 아니라, 실패를 철저히 해부해야 할 역사다. 그래야만 식민 이후의 한국 사회가 자신의 뿌리를 정확히 이해하고, 미래의 제도를 설계할 수 있다.

'우리의 역사'라는 말은 따뜻하지만, 때때로 가장 위험한 착시를 만든다. 그 착시를 걷어내는 것에서 비로소 진짜 역사학이 시작된다.

6. 피해 기억과 자존감 회복의 함수

식민 경험 이후 한국 사회가 형성한 가장 중요한 심리 구조 중 하나는 '피해 기억'을 중심으로 집단적 자존감을 복원하려 했다는 점이다. 피해를 경험한 사회는 상처를 설명하고 정당화할 서사를 필요로 한다. 그러나 조선의 경우 이 서사를 만들어내는 방식이 문제였다. 조선은 근대 이전부터 이미 구조적 취약성을 가지고 있었고, 이러한 취약성은 스스로를 보호할 안정적 자존감 기반을 형성하지 못하게 했다. 이 때문에 해방 이후 한국 사회는 조선의 실패를 정밀하게 분석하고 교훈을 추출하기보다, 피해 기억을 중심으로 자존감을 인위적으로 회복하는 방식을 택했다. 그 과정에서 역사는 사실보다 감정적 안정으로 작용했고, 조선은 분석의 대상이 아니라 위로의 대상으로 재구성되었다. 이 장은 이러한 심리 메커니즘이 어떤 함수로 작동했는지를 해부한다.

피해 기억이 자존감 회복의 기제가 되는 첫 번째 이유는 조선이 스스로에게 자부심을 줄 수 있는 기반을 확보하지 못했다는 점이다. 조선 사회는 유교적 명분론에 의존하며 스스로를 '문명적 중심성'으로 규정하려 했다. 그러나 실제 조선의 능력과 사회 구조는 이 명분을 뒷받침하지 못했다. 조선 후기 경제는 활력을 잃었고, 지배층은 책임성을 상실했으며, 국가 운영은 파벌 경쟁으로 소모되었다. 이런 조건에서 조선은 내부에서 자존감을 구축할 근거를 확보할 수 없었다. 따라서 해방 이후 한국 사회가 자존감을 회복하는 데 사용할 수 있는 유일한 원천은 '피해자로서의 서사'였다. 스스로를 강한 나라의 후예로 증명할 자료가 부족한 상황에서, 외부의 폭력에 희생된 민족이라는 서사는 가장 간편하고 즉각적 효과가 있는 자존감 장치였다.

두 번째 이유는 피해 기억이 책임을 분산시키는 기능을 수행한다는 점이다. 조선이 왜 식민지로 전락했는가라는 질문은 당연히 조선 내부의 구조적 문제를 겨냥하게 된다. 제도적 무능, 정치적 분열, 국제 감각의 부족, 개혁 실패 등이 원인으로 떠오르지만, 이런 분석은 심리적으로 받아들이기 어렵다. 자신이 속한 공동체의 실패를 냉정히 바라보는 일은 불안과 굴욕감을 동반하기 때문이다. 그래서 피해 기억은 책임을 외부로 이동시키는 역할을 한다. 조선이 실패한 이유는 내부가 아니라 외부의 폭력 때문이라는 해석이 등장하면, 공동체는 스스로를 비난하지 않아도 된다. 그 결과, 자존감은 책임을 외면하는 방식으로 복구된다. 그러나 이런 방식의 자존감 회복은 매우 불안정하며, 다음 위기가 닥치면 동일한 취약성이 재현될 가능성이 높다.

세 번째 이유는 피해 기억은 공동체를 즉각적으로 결속시키는 효과가 있다는 점이다. 조선은 신분과 지역, 문벌과 가문에 따라 사회가 촘촘하게 분열된 구조였다. 조선 왕조는 국민을 하나의 공동체로 묶는 데 실패했고, 사람들은 자신을 조선이라는 국가와 동일시하지 않았다. 이처럼 내부 결속이 약한 사회는 외부의 위협이 들어올 때 단기적 결속을 이루기 쉽다. 외부의 공격은 내부의 갈등을 무력화시키고, 공동의 피해 경험은 곧 공동의 정체성처럼 기능한다. 해방 이후 한국 사회가 신속하게 '민족 서사'를 구축한 이유도 바로 여기에 있다. 조선 왕조가 실패한 공동체 구성 작업을 식민 피해 서사가 대신 수행한 것이다. 그러나 외부 위협을 기반으로 형성된 공동체는 장기적 정체성을 구축할 수 없다. 그 정체성은 늘 외부를 상정해야만 유지된다.

네 번째 이유는 피해 기억이 과거를 단순화함으로써 자존감 회복을 용이하게 만드는 효과 때문이다. 조선이 실패한 원인을 다층적으로 분석하면, 내부 책임 문제와 같이 불편하고 복잡한 주제가 필연적으로 등장한다. 그러나 피해 중심의 서사는 과거를 단순한 도식으로 재구성한다. '가해자-피해자'라는 이분법으로 역사는 깔끔하게 정리되고, 조선의 실패는 더 이상 내부 분석을 필요로 하지 않는다. 이렇게 단순화된 서사는 빠르게 대중화되고, 대중은 그 서사를 통해 즉각적인 정서적 안정감을 얻는다. 하지만 이런 분석 회피는 자율적 판단 능력을 약화시키고, 사회가 장기적으로 성장하기 위한 비판적 능력을 제한한다. 조선은 이미 개혁 실패를 반복한 사회였고, 해방 이후 한국 사회도 같은 오판을 반복할 위험을 떠안았다.

다섯 번째 이유는 피해 기억이 조선에 대한 왜곡된 긍정성을 만들어낸다는 점이다. 조선을 있는 그대로 보면, 개혁의 연속적 실패, 제도적 정체, 생산력 부족, 국제 대응 실패 등 여러 부정적 요소가 한눈에 들어온다. 그러나 조선을 민족적 자존감의 원천으로 삼기 위해서는 이런 문제를 축소하거나 재해석해야 한다. 이 과정에서 조선은 '착하고 평화롭고 도덕적이었으나 강대국에 희생된 나라'로 재구성된다. 이런 이미지는 조선의 현실과는 거리가 멀다. 조선의 도덕적 규범은 그 자체로 근대적 경쟁력을 만들어내지 못했으며, 국가 운영의 한계는 결국 식민지화로 이어졌다. 그러나 부정적 현실을 무시하고 조선을 긍정적으로 재해석한 순간, 자존감은 정교하지 못한 기초 위에 세워졌다.

여섯 번째 이유는 피해 기억이 반복될수록 자존감이 외부에 의존하게 된다는 점이다. 내부적 성취보다 외부적 억압을 통해 자존감을 느끼기 시작하면, 공동체는 자율적 자존감 형성 능력을 잃는다. 조선은 독립적 성취를 축

적하지 못했고, 해방 이후 대한민국은 국가 건설 과정에서 내부 구성원에게
자존감을 제공할 충분한 시간을 갖지 못했다. 이런 환경에서 피해 기억은
손쉬운 정체성 자원으로 활용되었다. 그러나 이 방식은 외부가 사라지면 정
체성도 흔들리게 만든다. 실제로 현대 한국 사회는 외부 국가와의 관계 속
에서 감정적 반응을 보이는 일이 많다. 이것은 자존감이 내부적 역량에서
비롯되지 못하고, 외부적 기억 구조에 의해 유지된다는 증거다.

일곱 번째 이유는 피해 기억이 현재의 문제를 과거의 감정으로 덮어버리
는 경향을 만들기 때문이다. 현재의 정치·경제·사회 문제는 공을 들여 분석
해야 하지만, 피해 중심의 서사 속에서는 복잡한 문제들이 '우리의 상처를
건드리는 위협'으로 단순화된다. 과거의 상처가 현재의 진단을 가리게 되는
것이다. 조선의 실패 역시 해방 직후 이런 방식으로 감정 속에 묻혔다. 문제
를 해결해야 했던 시기는 분석 대신 위로가 선택되었고, 위로는 조선의 구
조적 결함을 장기간 은폐하는 결과를 낳았다. 해방 이후 한국 사회가 반복
적으로 경험한 정치적 불안정은 이런 분석 회피의 연장선에 있다.

여덟 번째 이유는 피해 기억이 자기 비판을 억압한다는 점이다. 조선 내부
의 문제를 직면하면, 공동체는 불편함을 느낀다. 특히 조선 지배층의 책임
을 논하면 '민족 내부를 공격한다'는 감정적 반응이 뒤따른다. 이런 분위기
속에서 역사학은 조선을 비판적으로 연구하는 대신, 외부 억압을 강조하는
방향으로 흐른다. 그 결과 조선의 문제는 과학적 분석에서 제외된다. 이는
자존감을 보호하는 데는 효과적일 수 있지만, 사회의 장기적 성장을 위해
필요한 비판 정신을 약화시킨다. 비판 없는 공동체는 과거의 실수를 반복한
다.

마지막으로 피해 기억이 자존감 회복에 동원되는 근본 구조는 '자기 이해
의 부재'다. 조선은 근대 세계가 요구하는 자기 분석 능력을 갖추지 못했다.
해방 이후 한국 사회는 새로운 체제를 도입하고 경제 성장을 이루었지만,

조선이라는 긴 시간의 구조적 부실을 해부하는 작업은 여전히 미흡했다. 자기 이해가 부족한 사회에서는 과거의 상처가 정체성의 중심에 자리 잡게 된다. 이것이 바로 피해 기억이 자존감의 핵심 함수가 된 이유다.

결국, 피해 기억을 중심으로 자존감을 회복하는 방식은 조선의 실패를 은폐한 채, 외부 억압을 과도하게 강조하는 심리적 구조를 만든다. 이 구조는 단기적으로 공동체의 자존감을 높이지만, 장기적으로는 현실 분석 능력을 떨어뜨리고, 조선의 구조적 취약성을 반복 재생산하는 결과를 낳는다. 조선의 실패를 정확히 이해하지 못하면, 한국 사회는 여전히 '상처의 기억'에 의존해 정체성을 구성할 수밖에 없다.

진정한 자존감은 과거를 미화하는 데서 나오지 않는다. 과거를 정확히 이해하는 데서 나온다.

7. 해방 직후의 지식인들이 선택한 서사

해방 직후의 한국 사회는 제도·정치·경제 어느 영역에서도 자립적 기반을 갖추지 못한 상태였다. 식민 통치가 사라진 뒤 남은 것은 국가의 골격이 아니라 텅 빈 공간이었다. 이 공백 속에서 지식인들이 해야 할 첫 번째 역할은 조선이 왜 실패했는지에 대한 냉정한 진단이었다. 그러나 해방 직후 지식인들은 이러한 분석적 책무보다 서사를 선택하는 일에 집중했다. 어떤 서사가 공동체를 유지할 수 있는가, 어떤 이야기가 혼란 속에서 사람들을 묶을 수 있는가가 지식인의 판단 기준이 되었다. 그 결과, 지식인들은 조선의 구조적 문제를 드러내는 이야기보다, 정서적 안정과 민족적 결속을 강화하는 이야기를 우선적으로 채택했다. 이 선택은 이후 수십 년간 한국 사회의 역사 인식을 결정하는 기초가 되었다.

지식인들이 선택한 서사는 세 가지 축을 중심으로 구성되었다. 첫째는 피해자 중심의 민족주의 서사, 둘째는 조선의 도덕적 우월성을 강조하는 서사, 셋째는 외부 요인 중심의 붕괴 설명이었다. 이러한 서사들은 모두 단기적으로는 공동체의 심리를 안정시키는 데 효과적이었지만, 장기적으로 조선의 구조적 취약성을 은폐하고 한국 사회의 자기 이해를 흐리는 결과를 낳았다. 지식인의 선택은 현실 분석보다는 정서 관리에 가까웠다. 다르게 말하면, 해방 직후의 한국 사회는 냉철한 이성보다는 감정적 안정에 목말라 있었고, 지식인들은 이러한 욕구를 충족시키는 서사를 제공하는 쪽으로 방향을 틀었다.

첫 번째 선택은 피해 민족 서사의 강화였다. 해방 직후 지식인들은 일본 제국의 폭력과 억압을 강조하며 한국 민족이 오랜 고난 속에서도 정체성을 지켜왔다는 이미지를 구축했다. 지식인들은 식민 지배의 폭력 서사를 조선 내부의 문제 분석보다 우위에 두었다. 조선 왕조가 스스로의 체제를 쇄신하지 못하고 세계 질서 변화에 뒤처졌다는 구조적 원인은 부차적인 문제로 밀려났다. 지식인들은 조선의 실패가 조선의 문제에서 비롯된 것이 아니라 외부의 압력 때문이라고 설명함으로써, 공동체의 심리적 부담을 덜어주고자 했다. 그러나 이 선택은 조선의 자립 능력 부족을 직면할 기회를 박탈했다. 조선의 붕괴는 외부의 침략 이전에 내부 기능 부전이 누적된 결과였고, 이를 무시한 서사는 수단적으로는 유효했지만 근본적 문제를 은폐했다.

두 번째 선택은 도덕적 우월성, 즉 모럴리티 서사였다. 지식인들은 조선을 도덕적으로 고결한 사회, 유교적 예법과 문화를 가장 성실하게 계승한 고품격 공동체로 묘사하려 했다. 조선의 도덕적 규범을 긍정적으로 해석하는 것은 쉽게 대중의 감정을 움직이고, 잃어버린 자존감을 회복시키는 데 적합했다. 그러나 조선의 도덕적 규범은 실제 사회 구조에서는 종종 권력 유지의 도구로 작동했고, 사회 구성원의 삶을 개선하는 방향으로 기능하지 못했다.

지식인들은 조선의 정치적 무능, 당쟁의 악순환, 개혁의 반복적 실패, 경제적 침체를 도덕 서사 속에서 희석했다. 즉, 조선의 문제는 윤리적 결함이 아니라 외부 환경 탓으로 재구성되었다. 이런 해석은 감정적으로는 위안이 되었지만, 사실 분석에서는 부정확했다.

세 번째 선택은 조선의 붕괴를 외부 요인 중심으로 설명하는 서사였다. 특히 지식인들은 일본과 서구 제국주의의 팽창을 조선의 몰락 원인으로 묘사했다. 물론 제국주의의 압력은 무시할 수 없는 요인이었지만, 문제는 지식인들이 이 서사를 '유일한 원인'처럼 제시했다는 점이다. 원인 분석에서 조선 내부의 제도적 취약성, 경직된 신분 구조, 사회적 생산력의 한계, 정치적 지도력의 부재가 사실상 삭제되었다. 조선의 붕괴가 오직 외부의 폭력 때문에 일어났다는 해석은 조선을 책임 없는 희생자로 만들었고, 이 해석은 공동체의 심리적 안정에는 도움이 되었지만 역사를 이해하는 능력을 약하게 만들었다.

지식인들이 이러한 서사를 선택한 이유는 단순한 계산이 아니라 당대의 정치적·심리적 환경이 지식인의 선택을 강제했기 때문이다. 해방 직후 한국 사회는 새로운 국가를 세워야 했고, 새로운 국민 정체성을 만들어야 했다. 그러나 조선은 그런 정체성을 제공할 자산을 충분히 갖고 있지 않았다. 경제적 성취도, 제도적 안정성도, 근대적 자의식도 결여되어 있었던 조선의 현실은 새로운 국가 건설 서사의 기반이 되기 어려웠다. 지식인들은 이런 빈약한 기반을 그대로 드러내기보다, 조선의 잠재력을 강조하거나 조선의 도덕성을 내세우는 방식으로 새로운 국가의 정통성을 구축하려 했다. 조선을 지나치게 노골적으로 비판할 경우, 공동체의 심리적 균열을 초래할 위험도 있었다. 이런 환경에서 지식인들이 감정적 서사를 선택한 것은 의도뿐 아니라 환경의 산물이기도 했다.

그러나 문제는 지식인들이 단기적 정서 안정을 위해 선택한 서사가 장기적으로는 한국 사회의 자기 이해를 방해하게 되었다는 점이다. 조선의 실패를 분석하는 작업은 제대로 이루어지지 않았고, 조선의 문제는 반복 학습되지 않았다. 지식인들에게 요구되었어야 할 '비판적 자기 분석'은 실제 역사 서술에서 실종되었다. 그 결과 한국 사회는 조선의 구조적 취약성을 제대로 이해하지 못한 상태로 근대화를 추진하게 되었다. 근대화 과정에서 여러 차례 나타난 제도적 혼란, 정치적 불안정, 사회적 갈등은 조선의 문제를 분석하지 않은 채 새로운 체제를 도입한 데서 비롯된 측면이 크다.

지식인들의 서사 선택은 또한 대중의 사고방식을 형성하는 데 결정적 영향을 미쳤다. 해방 이후 학교 교육, 출판물, 언론에서 반복된 서사들은 조선을 '존재 자체로 고귀한 민족 공동체'로 묘사했고, 조선의 실패를 이야기할 때는 '외부의 방해'를 강조했다. 이러한 교육 구조는 조선 내부의 행정 실패, 제도적 경직성, 지배층의 무능, 지역 격차, 신분 갈등을 사실 기반으로 분석하기보다, 외부 압력과 민족적 고난 속에서 조선이 끝까지 정체성을 유지했다는 식의 감정적 서사로 대체했다. 이렇게 구성된 대중 인식은 조선을 비판적으로 바라보는 시도를 일종의 민족적 배신으로 여기게 만들었다.

또한 지식인들의 선택은 정치적 동원 수단으로 활용되기 용이한 서사 구조를 만들었다. 정서 중심의 조선 서사는 정치권이 국민을 동원할 때 매우 유용한 도구였다. 정치 사건을 해석할 때 조선의 '도덕적 전통'이 호출되거나, 외교적 문제를 설명할 때 '과거의 억압 경험'이 재현되는 일이 반복되었다. 지식인들이 선택한 서사는 사실상 국가의 공식 감정 체계를 설계하는 기능을 하게 되었고, 이는 역사학이 정치적 목적에 종속되는 토대를 만들었다.

해방 직후 지식인의 선택은 결국 미래를 위한 분석이 아니라 과거에 대한 위로를 선택한 결정이었다. 위로는 공동체를 안정시키지만, 위로는 문제를 해결하지 못한다. 조선의 실패는 분석되지 않았고, 조선의 취약성은 해부되지 않았으며, 조선의 붕괴는 교훈으로 전환되지 못했다. 이런 조건에서 지식인들이 선택한 서사는 공동체를 결속시키는 효과는 있었지만, 동시에 조선이라는 거대한 실패를 재생산할 위험을 남겼다.

해방 직후 지식인들이 선택한 서사는 조선의 문제를 외면한 채 새로운 국가의 심리적 기반을 구성하기 위한 선택적 기억 구조였다. 이 선택은 당대 공동체에게는 필요했을지 모르나, 역사학이라는 학문에게는 치명적이었다. 지식인들은 조선을 분석하는 대신 조선을 복원하려 했고, 그 결과 조선의 오류는 제대로 교정되지 않았다.

한국 사회가 조선의 실패를 반복하지 않으려면, 지식인들이 과감히 선택했던 그 감정적 서사에서 벗어나 조선을 다시 질문해야 한다. 위로의 서사를 넘어 분석의 서사로 옮겨가야 한다. 그 지점에서야 비로소 조선의 실패는 과거가 아니라 교훈이 된다.

8. 상처와 욕망이 뒤섞인 첫 번째 역사 만들기

해방 직후 한국 사회가 역사라는 도구를 사용하기 시작했을 때, 그 작업은 사실을 정리하는 냉정한 기록이 아니라, 상처와 욕망이 뒤섞인 복합적 감정의 생산 행위에 가까웠다. 이 시기의 역사 서술은 조선의 긴 과거를 객관적으로 재구성하는 것이 아니라, 새로운 국가 정체성을 만들기 위해 과거를 선별적으로 재편집하는 작업이었다. 그 편집 기준은 학문적 엄밀함이 아니라 심리적 필요였고, 조선의 복잡한 현실보다 조선이 어떤 의미로 기억되어야 하는지가 우선시되었다. 이 지점에서 해방 직후의 역사 만들기는 이미 조선의 실체와 멀어지기 시작했다.

한국 사회는 조선 왕조가 무너진 뒤 식민지기를 거치며 두 겹의 상처를 경험했다. 하나는 내부적 실패가 만든 붕괴의 상처였고, 다른 하나는 외부 억압이 만든 굴종의 상처였다. 이 두 상처는 서로 다른 성질을 갖고 있었으나, 해방 직후의 역사 서술은 이 상처들을 구분하기보다 하나의 감정으로 섞어냈다. 조선의 내부적 실패는 언급하기 어려운 고통으로 남았고, 외부 억압은 대중적 분노와 결속을 만들어내기에 훨씬 적합한 요소였다. 지식인들은 이 둘을 분리하지 않고 하나의 '피해 서사'로 묶어내면서 첫 번째 역사 만들기의 뼈대를 완성했다.

이 과정에서 역사 서술은 두 가지 상반된 욕망을 동시에 품게 되었다. 하나는 상처를 잊고 싶은 욕망이었고, 다른 하나는 상처를 통해 스스로를 특별한 존재로 만들고 싶은 욕망이었다. 조선의 무능과 실패를 기억하는 일은 상처였고, 그 상처는 자존심을 건드렸다. 따라서 조선의 실패는 서술에서 자연스럽게 후퇴했다. 그러나 일본 제국은 공동체의 분노와 자긍심을 동시에 자극하는 자원이었기 때문에 기억 속에서 확대되었다. 이렇게 상처를 회피하면서 동시에 상처를 자원화하는 이중 구조는 해방 직후 역사 서술의 가장 큰 특징이었다.

첫 번째 역사 만들기는 이 상처와 욕망의 교차점에서 탄생했다. 지식인들은 조선을 그대로 보여주면 공동체의 정체성이 흔들릴 것이라고 판단했다. 조선의 구조적 취약성을 그대로 드러내면 새로운 국가를 세울 심리적 기반이 무너질 위험이 있었다. 그래서 지식인들은 조선을 설명할 때 세 가지 방식의 재구성을 선택했다. 첫째, 조선이 실패한 구체적 원인을 흐릿하게 만들거나 외부 요인으로 치환했다. 둘째, 조선의 도덕적 정통성을 과장해 '원래 훌륭했으나 억압받은 나라'라는 이미지를 만들었다. 셋째, 조선의 잠재력을 강조해 '우리는 할 수 있었으나 방해받았다'는 식의 가능성 중심 서사를 구축했다.

이 세 가지 전략은 각각 다른 심리적 욕구에 대응했다. 조선의 실패를 외부 요인으로 돌리는 것은 상처를 줄이고자 하는 욕구에 부응했고, 조선의 도덕성을 강조하는 것은 공동체의 자존심을 회복하는 욕구를 충족시켰다. 그리고 조선의 가능성을 부각하는 것은 새로운 국가 건설을 정당화하는 욕망을 반영했다. 해방 직후의 역사는 이처럼 상처를 감추고, 상처를 자원으로 삼고, 상처 위에 새로운 욕망을 쌓는 복잡한 감정의 구조를 담아냈다.

그러나 이런 방식의 첫 번째 역사 만들기는 심각한 왜곡을 내포했다. 조선 왕조는 근대 세계가 요구하는 능력을 거의 갖추지 못한 사회였다. 조선의 지식 체계는 사변적 유학에 치우쳐 있었고, 실용적 학문은 제도적으로 억눌렸다. 국가 운영은 파벌 정치의 반복으로 소모되었고, 경제 구조는 세계 시장의 변화에 대응할 탄력성을 갖지 못했다. 신분제는 사회적 이동을 차단했고, 자율적 시민 의식은 발달하지 않았다. 이런 구조적 결함은 외부 충격이 아니더라도 조선을 내부에서부터 약화시키는 원인이었다. 그런데 해방 직후의 역사 만들기에서 이런 사실들은 과감히 삭제되거나 미세하게만 언급되었다.

지식인들은 조선의 실패를 숨김으로써 새로운 국가의 토대가 약해질 것을 우려했다. 그러나 이 선택은 역설적으로 장기적 불안정의 원인을 제공했다. 분석되지 않은 과거는 제대로 청산되지 않는다. 문제의 원인을 숨긴 역사는 다음 세대에 그대로 전달되고, 다음 세대는 과거의 문제를 반복하거나 오해하게 된다. 실제로 해방 이후 한국 사회에서 반복된 정치적 혼란과 제도적 시행착오는 조선의 구조적 취약성을 제대로 이해하지 못한 데서 비롯된 측면이 크다. 조선의 실패가 제대로 분석되지 못했기 때문에, 그 실패의 영향이 해방 이후에도 다양한 형태로 재현되었던 것이다.

첫 번째 역사 만들기의 또 다른 특징은 감정의 과잉과 사실의 결핍이다. 당시 지식인들은 조선의 사실적 실체를 기록하는 데보다 공동체를 설득하고 위로하는 데 더 많은 힘을 쏟았다. 지도자들은 '우리는 고난 속에서도 단결한 민족'이라는 메시지를 반복했고, 학자들은 '우리만의 고유한 정신' 같은 추상적 개념을 새롭게 발명했다. 이런 서사는 조선의 실질적 문제와는 거리가 멀었지만, 정서적으로 매력적이었다. 그러나 감정 중심의 역사 만들기는 사실상 공동체를 현실로부터 멀어지게 만들었다. 조선의 실패를 정직하게 마주할 기회를 상실했기 때문이다.

또한 첫 번째 역사 만들기는 지식인의 책임 회피라는 측면도 숨기고 있다. 조선의 붕괴에는 지식인의 책임도 적지 않았다. 조선 후기 학자들은 시대 변화에 둔감했고, 실용적 학문을 발전시키기보다 문헌적 전통에 집착했다. 새로운 지식 체계가 필요하다는 신호가 수차례 있었음에도 불구하고, 지식인 집단은 관념과 명분에 묶여 제 역할을 다하지 못했다. 그런데 해방 이후의 역사 만들기에서 지식인의 책임은 사실상 빠져나갔다. 지식인들은 자신들이 조선의 실패에 기여한 부분을 진단하기보다, 민족의 상처를 말하는 데 집중하며 스스로의 책임을 감췄다. 이는 조선 사회의 자기 성찰 능력을 약화시키는 결과를 낳았다.

첫 번째 역사 만들기는 또한 정치적 욕망과 결합했다. 해방 이후 좌우가 각각 독자적 정당성을 확보해야 했기 때문에 역사는 정치적 무기로 사용되었다. 조선의 실패를 설명할 때 좌파는 내부 지배층의 부패와 무능을 강조하며 새로운 사회 체제를 요구하는 근거로 삼았다. 반면 우파는 외부 침략과 국제 환경의 변화를 강조하며 강력한 국가 체제를 구축해야 한다고 주장했다. 양쪽 모두 조선의 복합적 실패를 자기 논리의 일부로만 사용했을 뿐, 그 실패를 총체적으로 분석하려 하지 않았다. 즉, 조선의 실패는 사회가 성찰해야 할 문제로 다뤄지지 않고, 정치적 목적에 맞게 변형된 채 소비되었다.

이렇게 구성된 첫 번째 역사 만들기는 상처의 선택적 사용과 욕망의 전략적 배치라는 두 축을 통해 만들어진 복합물이었다. 조선의 실패는 감춰졌고, 조선의 아름다운 이미지는 강조되었으며, 조선의 가능성은 과장되었다. 이 세 요소는 새로운 국가의 심리적 기반을 만드는 데 도움을 주었지만, 동시에 사회가 과거를 통해 배울 수 있는 능력을 약화시켰다. 상처를 감추고 욕망을 앞세운 역사는 이해를 가로막는다.

해방 직후의 첫 번째 역사 만들기는 조선을 정확히 설명하기 위한 작업이 아니라, 조선을 특정한 방식으로 기억시키기 위한 선택적 구성이었다. 그 구성은 상처를 보호하고 욕망을 채우는 데는 성공했지만, 조선이라는 사회가 실제로 어떤 구조적 취약성을 갖고 있었는지를 이해하는 데는 거의 기여하지 못했다. 이 첫 번째 서사는 이후 한국 사회의 역사 인식에 깊은 영향을 미쳤고, 조선의 실패를 제대로 분석하기 위한 작업을 오랫동안 방해했다.

조선의 실패는 감춰야 할 상처가 아니라 분석해야 할 사실이다. 상처와 욕망이 뒤섞인 첫 번째 역사 만들기를 넘어설 때만, 한국 사회는 비로소 조선을 제대로 이해할 수 있다.

9. 기억의 정치화와 역사적 자기 미화

해방 직후 한국 사회에서 가장 빠르게 정치적 자원이 된 것은 토지나 인력보다 '기억'이었다. 특히 조선이라는 긴 과거에 대한 기억은 사실 여부와 관계없이 강력한 정치적 도구가 되었다. 기억은 객관적 기록이 아니라 해석된 흔적이며, 해석은 권력을 필요로 하고 권력은 기억을 선택적으로 사용한다. 조선은 이미 해체된 체제였지만, 그 체제에 대한 기억은 해방 이후 새로운 정치 질서를 정당화하는 데 적극적으로 동원되었다. 그 과정에서 조선의 실체는 흐려지고, 조선을 둘러싼 감정은 과장되거나 편향적으로 강화되었다. 기억은 정치화되었고, 조선은 미화되었다.

기억의 정치화가 가능했던 이유는 조선이라는 체제가 스스로의 실패를 명확한 언어로 남기지 못한 사회였기 때문이다. 조선은 자신을 설명하는 데 필요한 지적 기반을 확보하지 못했고, 실패를 기록하는 데 필요한 분석 도구도 발전시키지 못했다. 조선의 지식 체계는 변화하는 세계를 해석하기보다, 기존 질서를 유지하는 데 더 적합한 구조였다. 이 때문에 조선이 몰락했을 때, 사람들은 무엇이 문제였는지 명확히 이해하지 못한 채 붕괴를 경험했다. 명확한 해석이 없는 붕괴는 감정적 기억을 남긴다. 감정적 기억은 정치화되기 쉽고, 그 정치화는 곧 자기 미화와 연결된다.

해방 직후 정치 세력들은 조선의 기억을 서로 다른 방식으로 포장했다. 좌익 세력은 조선을 낡고 부패한 봉건 왕조로 규정하며, 근본적인 체제 변혁이 필요하다고 주장했다. 이 서사는 조선의 내부적 결함을 강조하기 때문에 조선을 미화하지 않은 것처럼 보이지만, 실제로는 조선의 복잡한 사회 구조와 다층적 실패를 지나치게 단순화함으로써 조선을 왜곡했다. 조선을 계급 착취 구조로 단일하게 규정하면 조선의 정치적 경직성, 행정 실패, 국제 감각 결여 같은 요소들을 구체적으로 분석할 기회가 사라진다. 조선의 특정 측면만을 강조함으로써 전체를 설명하는 듯한 효과를 만드는 것 자체가 또 다른 미화다. 부정적 기억만 선택해 전체를 정의하는 것도 미화의 일종이다. 단지 방향이 반대일 뿐이다.

반대로 우익 세력은 조선을 민족의 도덕적 뿌리로 묘사하며 '전통의 계승자'라는 지위를 스스로에게 부여했다. 조선 왕조의 비효율과 실패는 정치적 맥락에서 빠르게 제거되었고, 조선의 문화를 국가의 품격을 상징하는 자산으로 포장했다. 조선의 제도적 무능이 아니라 조선의 '정신문화'를 계승해야 한다는 논리가 등장하면서, 미화의 양상은 한층 더 강화되었다. 조선의 붕괴는 내부적 이유가 아니라 외세의 간섭 때문이라는 설명이 반복되었고, 그 설명은 새로운 국가 체제를 정당화하는 데 사용되었다. 이렇게 조선의 기억은 정치적 필요에 따라 선택되거나 삭제되었고, 사실적 조선은 정치적 조선에 자리를 내주었다.

기억의 정치화가 특히 위험한 이유는, 기억이 사실을 대체하기 시작할 때 역사는 더 이상 분석의 도구가 아니라 결속의 도구가 된다는 점이다. 결속은 즉각적인 효과를 낳지만, 분석의 부재는 장기적 문제를 야기한다. 조선의 실패는 반복적으로 분석되어야 할 주제였다. 왜 조선은 세계 변화에 대응하지 못했는가? 어떤 제도가 조선의 발전을 가로막았는가? 지배층의 책임은 어디까지인가? 이런 질문은 국가의 제도 설계와 정치 구조를 다듬는 데 필수적이다. 그러나 기억의 정치화는 이런 질문을 제기하는 시도를 '불필요한 분열'로 규정했다. 조선에 대한 정직한 비판은 정치적 공격으로 해석되었고, 학자들은 조선의 실패를 세밀하게 연구하기보다 정치적 안정에 도움이 되는 서술을 생산했다.

역사적 자기 미화가 이런 환경에서 자연스럽게 등장했다. 자기 미화는 조선을 실체보다 더 긍정적으로 묘사하는 행위이며, 그 목적은 공동체의 자존감을 유지하는 것이다. 그러나 자존감은 미화로 얻을 수 있는 것이 아니다. 미화는 문제를 숨길 뿐 해결하지 않는다. 조선 사회는 내부 성찰 능력을 충분히 갖추지 못한 상태에서 오랜 기간 자신을 '문명적 중심'으로 상정해왔고, 이 관념은 식민지 경험과 해방 이후에도 형태만 바뀐 채 지속되었다. 조선의 실패를 외부 요인 중심으로 설명하는 것은 이 미화 논리의 연장선이었다. 조선의 무능은 언급하지 않거나 축소되었고, 조선의 긍정적 요소만 도덕적 자산으로 재발견되었다.

특히 조선의 경제 구조에 대한 미화는 해방 이후 역사 서술에서 가장 기묘한 형태를 띠었다. 일부 지식인들은 조선 후기의 상업 활동이나 화폐 유통 같은 제한적이고 단편적인 현상을 근대 경제의 '씨앗'처럼 해석했다. 그러나 조선 사회는 경제적 자율성을 보장하기 위해 필요한 제도적 기반을 갖추지 못했다. 사적 자본의 축적은 지배층의 경계 대상이었고, 상공업 활동에 대한 제약은 경제적 확장을 가로막았다. 이런 구조적 한계를 설명하기보다 조선 경제의 '잠재력'을 강조하는 서술이 늘어났고, 이는 자기 미화의 또 다른 형태였다. 잠재력은 실제 성취와 다르며, 잠재력을 근거로 역사를 재구성하는 것은 미화다.

기억의 정치화는 조선의 문화에 대해서도 비슷한 효과를 낳았다. 조선의 전통을 민족 정체성의 핵심으로 강조하는 서술은 조선의 문화적 성취를 실제보다 과장하는 경향이 있었다. 조선의 문화가 지닌 깊은 가치와 장점을 인정하는 것과, 조선의 문화를 이상화하여 비판을 차단하는 것은 전혀 다른 문제다. 그러나 해방 직후의 문화 서술은 조선 문화의 한계를 지적하기보다, 조선을 '지켜야 할 순수한 전통'으로 재해석했다. 이러한 재해석은 조선 문화가 내부적으로 가지는 경직성과 배타성을 설명하지 못했고, 오히려 조선의 사상 체계가 왜 근대적 감각을 발달시키지 못했는지를 이해할 기회를 놓치게 만들었다.

기억이 정치화되면 가장 먼저 사라지는 것은 책임의 서사다. 책임은 기억의 정치화와 양립하기 어렵다. 조선의 붕괴를 내부의 실패로 설명하기 시작하면 새로운 국가를 통합해야 하는 정치적 목적과 충돌한다. 그래서 조선의 책임을 외면하는 방식으로 기억이 정치화되었고, 그 결과 조선은 사실상 '책임 없는 존재'로 재탄생했다. 그러나 책임 없는 존재는 교훈을 남기지 않는다. 조선의 붕괴에서 책임을 제거하는 순간, 조선의 실패는 다시 반복될 위험을 안게 된다.

해방 직후 기억의 정치화는 학술 영역에도 깊게 스며들었다. 학자들은 정치적 요구를 충족시키기 위해 조선의 복잡한 역사적 과정을 단순화하거나, 조선의 장점을 부각하는 방식으로 서술을 구성했다. 조선 사회의 계층 갈등, 지역 불균형, 제도적 경직성 등은 미약하게 다뤄졌고, 그 대신 조선의 정신문화를 강조하는 글이 넘쳐났다. 이런 학문적 자기 검열은 한국 사회가 조선의 실패를 구조적으로 이해하는 능력을 약화시켰다.

결국 기억의 정치화는 조선에 대한 집단적 자기 미화를 체계화하는 방식으로 작동했다. 정치적 목적, 심리적 안정, 자존감 회복이라는 요소들이 결합되면서 조선의 기억은 사실과 멀어졌다. 조선은 있는 그대로의 사회가 아니라 바람직한 상징으로 재구성되었다. 그러나 이런 상징은 조선의 문제를 은폐할 뿐 해결하지 않는다.

조선은 실패한 체제였고, 그 실패에는 수많은 원인이 있었다. 제도적 경직성, 경제적 취약성, 국제 질서 변화에 대한 둔감성, 지식 체계의 한계 등이 조선의 붕괴를 초래했다. 기억의 정치화는 이 사실을 흐리게 만들었고, 자기 미화는 조선의 실패를 교훈으로 삼을 기회를 앗아갔다. 공동체는 상징을 얻었지만, 분석을 잃었다.

역사는 상처를 치유하기 위한 도구가 아니라 현실을 이해하기 위한 도구다. 기억의 정치화와 자기 미화를 넘어 조선을 다시 질문해야 한국 사회는 비로소 자신의 위치를 이해할 수 있다. 조선의 실패를 정직하게 바라보는 순간, 기억은 정치의 도구가 아니라 미래를 준비하는 지적 기반이 된다.

10. 해방은 독립이 아니라 '자기 이해'의 숙제를 남겼다

해방은 오랫동안 '속박에서 벗어난 날'로만 기억되어 왔다. 그러나 역사적 맥락을 다시 들여다보면, 해방은 단순한 독립이나 자유의 획득이 아니라 훨씬 더 어려운 과제를 한국 사회에 부여한 사건이었다. 그 과제는 국가를 재건하는 일도, 경제를 회복하는 일도 아니었다. 가장 근본적인 숙제는 스스로를 이해하는 작업, 즉 조선이라는 사회가 어떤 구조 위에 서 있었고 어떤 이유로 붕괴했는지를 정확히 파악하는 일이었다. 해방은 전쟁이나 외세의 압력에서 벗어나는 순간이 아니라, 조선이라는 500년 체제가 남긴 결함과 한계를 마주해야 하는 출발점이었다.

그러나 해방 직후 한국 사회는 이 가장 어려운 작업을 제대로 수행하지 못했다. 조선을 이해하려면 조선 내부를 냉정하게 들여다봐야 했다. 신분제의 경직성, 낮은 생산력, 지배 구조의 비효율, 개혁 실패의 연속, 기술적·과학적 발전의 미비, 국제 정세를 읽지 못한 폐쇄성 등 수많은 요소가 조선의 붕괴를 예고하고 있었다. 하지만 해방 후 사람들은 이 뼈아픈 질문을 스스로에게 던지는 대신, 외부의 억압과 상처만을 중심 축으로 삼았다. 그 결과 조선의 구조적 실패는 해방 직후 공론장에서 거의 분석되지 못한 채, 감정과 정치의 그림자 속에 잠겨 버렸다.

해방은 독립이었지만, 동시에 설명되지 않은 과거가 한꺼번에 밀려드는 순간이기도 했다. 조선의 붕괴 과정이 명확히 기록되지 않았고, 체제 내 문제가 정확히 언어화되지 않은 상태에서 식민지기가 덮쳐왔기 때문에, 해방 이후의 한국 사회는 두 개의 붕괴를 연속적으로 경험한 셈이었다. 조선의 몰락이 무엇 때문이었는지 이해하기 어려웠고, 식민지 통치로 인한 변화가 어떤 방식으로 구조를 왜곡했는지도 판단하기 어려웠다. 이런 복합적 혼란 속에서 한국 사회는 내부 성찰보다 외부 비판에 집중하는 방향으로 흘러갔다. 외세를 비난하는 일은 쉽고, 조선의 구조를 해부하는 일은 어렵기 때문이다.

조선의 한계를 직시하지 못한 이유는 단순한 회피가 아니라 심리적 부담의 크기에서 비롯된다. 패배에는 이유가 있다. 그 이유가 내부에서 비롯되었다면 공동체는 자신을 다시 정의하는 더 큰 고통을 경험해야 한다. 조선이 스스로 무너졌다는 사실을 받아들이는 순간, 공동체는 자존감의 근거를 잃는다. 그래서 해방 직후 한국 사회는 조선의 실패를 정확히 정리하려는 대신, 조선의 긍정적 요소를 부각시키는 방식으로 위기를 넘기려 했다. 조선의 붕괴는 외부 요인의 압도적 힘 때문이며, 조선 자체는 본래 온순하고 성실한 문명을 지닌 공동체였다는 서사가 널리 퍼졌다. 하지만 이런 서사는 조선의 실제 문제를 해결하는 데 아무런 도움이 되지 못했다.

조선의 문제를 분석하지 않은 채 해방을 맞은 한국 사회는 결과적으로 과거를 제대로 정리하지 않은 채 새로운 체제를 설계해야 하는 부담을 떠안았다. 과거의 실패를 진단하지 않고 새로운 국가를 세우는 일은, 기초 공사를 하지 않고 건물을 올리는 것과 같다. 해방 이후의 여러 정치적 혼란, 체제적 수리의 반복, 사회적 갈등의 재발은 단순히 외세의 영향이나 냉전 구조 때문만이 아니라, 조선이라는 오래된 체제의 실패를 해부하지 않은 데서 비롯된 측면이 크다. 조선의 문제를 정확히 이해하지 못하면, 조선적 사고방식과 제도적 관성이 해방 이후에도 지속적으로 재생산될 수밖에 없다.

그 대표적 사례가 관념 중심의 인식 구조다. 조선은 실용보다 명분을 중시했고, 제도 개혁보다 원리 해석을 우선시하는 경향이 강했다. 이런 사고방식은 국가 운영을 경직되게 만들었고, 변화하는 국제 환경에 민감하게 반응하지 못하도록 했다. 해방 이후 한국 사회에서도 이런 사고방식은 쉽게 사라지지 않았다. 제도가 현실보다 앞서 존재하고, 원리가 실천을 압도하며, 체제가 사람을 구속하는 구조가 반복적으로 나타났다. 이런 관성은 조선의 문제를 분석하지 않았기 때문에 청산되지 않은 채 남았고, 그 흔적은 지금도 여러 형태로 흔적을 남긴다.

또 하나 중요한 숙제는 책임의 재구성이다. 조선의 붕괴는 단일한 원인으로 설명될 수 없다. 지배층의 무능, 관료주의의 경직성, 국제 질서 변화에 대한 둔감함, 사회 구조의 폐쇄성 등 다양한 요인이 복합적으로 작용했다. 그러나 해방 직후 한국 사회는 조선의 붕괴를 내부 요인보다 외부 요인으로 설명하는 데 집중했다. 책임을 덮는 가장 쉬운 방식은 책임을 바깥으로 돌리는 것이다. 하지만 이 방식은 문제를 해결하지 못한 채 은폐한다. 책임이 명확히 규정되지 않은 사회는 문제를 반복한다. 조선의 붕괴가 내부적 실패라는 사실을 받아들이는 순간, 한국 사회는 더 단단한 제도와 문화를 설계할 수 있었다. 그러나 그 순간은 오랫동안 지연되었다.

조선을 이해하지 못한 채 해방을 맞이했다는 사실은 또 다른 문제를 낳았다. 그것은 한국 사회가 자기 정체성의 근원을 단단하게 설명할 언어를 잃었다는 것이다. 조선이라는 경로를 통해 형성된 사회적 습관, 정서, 사고방식, 제도적 특징을 이해하지 못하면, 우리는 스스로의 현재를 분석할 때도 외부적 설명에 의존하게 된다. 현재의 실패를 조선의 잔재로 설명할 수도 있었지만, 조선이 무엇이었는지 모르는 상태에서는 그 잔재를 파악할 수조차 없다. 이 때문에 한국 사회는 현재의 문제를 식민지의 영향, 국제 정세, 정치적 갈등 같은 외부 요인으로만 해석하는 경향이 강해졌다. 내부 분석의 부족은 곧 미래 설계 능력의 제한으로 이어진다.

해방은 조선이라는 오래된 질서가 붕괴한 후 새로운 질서를 만들어야 하는 시점이었다. 그러나 새로운 질서를 만들기 위해서는 먼저 옛 질서의 구조와 한계를 정확히 이해해야 한다. 조선이 왜 실패했는지, 어떤 제도가 조선을 약하게 만들었는지, 어떤 사고방식이 조선을 경직시키고 변화에 둔감하게 만들었는지를 파악하지 못한 상태에서 새 국가의 제도를 설계한다면, 과거의 잘못은 새로운 형태로 반복될 수밖에 없다. 해방 이후 한국 사회가 겪은 여러 제도적 문제들은 조선의 실패를 분석하지 않은 데서 비롯되었으며, 이런 현상은 지금도 계속된다.

따라서 해방을 진정한 출발점으로 만들기 위해서는, 조선을 미화하거나 조선을 외부 요인의 희생자로만 설명하는 태도를 넘어서야 한다. 조선은 조선 나름의 장점을 지니고 있었지만, 동시에 구조적 결함이 매우 뚜렷한 사회였다. 그 결함은 조선의 붕괴를 초래했을 뿐 아니라, 해방 이후 한국 사회가 안고 있는 여러 문제의 씨앗이 되기도 했다. 이 결함을 해부하는 일은 조선을 비난하기 위한 행위가 아니라, 조선을 정확히 이해하기 위한 작업이다.

결국 해방은 독립 그 자체보다 자기 이해의 출발점으로 이해해야 한다. 외세로부터 자유를 되찾았다는 사실은 분명 의미가 있지만, 진짜 독립은 조선을 객관적으로 재구성하고, 조선에서 무엇을 버리고 무엇을 이어갈지 판단하는 과정에서 완성된다. 국가의 자립은 정치적 독립만으로 이루어지지 않는다. 과거를 정확히 이해하고, 과거의 문제를 교정하며, 미래를 설계하는 능력이 함께 갖춰져야 한다. 조선을 이해하지 못한 해방은 반쪽짜리 독립에 불과하다.

해방이 남긴 숙제는 단 한 가지이다. 조선을 정확히 이해하는 것. 이 작업 없이는 조선의 실패도 반복되고, 조선의 장점도 활용되지 못한다. 조선을 이해하는 순간, 한국 사회는 비로소 자신이 어디에서 왔고, 어디로 가야 하는지를 분명히 볼 수 있다.

2장
조선학의 유령

1. 1930년대 식민지 지식인의 심리적 방패로써의 실학

1930년대 조선 지식인들이 실학을 재발견하고 과대하게 포장하기 시작한 현상은 단순한 학술적 흥미의 발현이 아니었다. 그것은 식민지라는 극단적 조건에서 조선 지식인들이 스스로의 지적 정체성을 지키기 위해 선택한 방어 장치, 즉 심리적 방패였다. 실학은 조선이 실제로 가졌던 학문적 기풍이라기보다, 식민지 상황에서 새롭게 가공된 개념에 가까웠다. 실학을 중심에 놓는 재해석은 당시 조선 사회가 직면한 열등감과 무력감을 완충하기 위한 일종의 정신적 보호막이었다.

1930년대는 조선 지식인에게 두 가지 압박이 동시에 가해진 시대였다. 하나는 일본 제국이 조선 문화를 후진적·정체적(停滯的) 전통으로 규정하면서 조선의 역사적 가치를 체계적으로 축소하려 했다는 점이다. 다른 하나는 조선 내부 엘리트가 스스로의 무능을 직면하지 못한 채 조선의 실패를 설명해야 했다는 점이다. 이 두 압박이 결합되면서, 지식인들은 조선이 근대화를 이루지 못한 이유를 냉정하게 분석하기보다, 조선 내부에서 근대적 요소를 찾아 그것을 "실학"이라는 이름으로 부각하는 전략을 선택했다.

실학은 원래 조선 후기에 존재했던 다양한 실용적 사유와 정책 논의의 총합이 아니다. 조선 후기 학자들이 실학이라는 단일 학파를 구성한 적도 없고, 이들이 공유한 분명한 철학 체계나 일관된 이념도 없었다. 실학이라는 이름은 20세기 초에 만들어진 재발명된 개념이었다. 조선학(朝鮮學)이라는 흐름 속에서 실학은 조선의 잠재적 근대성, 혹은 자국 문명의 우수성을 증명하기 위한 도구로 다시 태어났다. 이 과정에서 실학은 본래의 복잡한 역사적 맥락과 분리되고, 식민지 지식인의 심리적 욕망을 투영한 상징적 존재가 되었다.

실학이 심리적 방패로 기능한 가장 근본적인 이유는, 조선이 실제로 근대 세계에 대응할 능력을 충분히 갖추지 못했다는 사실을 인정하기 힘들었기 때문이다. 조선은 19세기에 이미 군사력, 과학기술, 제도적 유연성, 경제적 자율성 면에서 주변국에 뒤처지고 있었다. 그러나 이러한 구조적 한계를 설명하는 일은 조선 지식인에게 너무나 고통스러운 현실 직면이었다. 자국의 실패를 냉정하게 진단하는 일은 조선 사회가 역사적으로 쌓아온 자존 감각을 무너뜨릴 위험이 있었다. 조선의 낙후는 지식인 자신들의 책임이기도 했기 때문에, 이 문제를 정확히 언어화하는 것은 지식인들에게 심리적 압박을 야기했다.

그래서 지식인들은 조선 내부에서 '우리도 근대적 사유를 할 수 있었다'는 증거를 찾기 시작했고, 그 과정에서 실학이 선택되었다. 실학은 그 자체로 완성된 사상이 아니라 선택된 몇 명의 학자들, 즉 정약용, 박제가, 홍대용, 박지원 등의 일부 문장을 조합해 만들어낸 새로운 '서사적 구조물'이었다. 실학을 중심에 두면 조선의 실패가 조선 내부의 구조적 결함 때문이 아니라, 조선의 잠재력이 외부 요인에 의해 실현되지 못했기 때문이라는 설명이 가능했다. 실학이라는 개념은 조선의 실패를 조선 내부의 문제로 환원시키지 않기 위한 효과적인 장치였다.

이 시기 지식인들이 실학을 부각한 두 번째 이유는 식민지 근대성 담론에 대한 방어였다. 일본 제국은 '조선은 근대적 사유를 갖춘 적이 없으며, 문명적 발전이 불가능한 사회였다'는 논리를 정당화의 근거로 활용했다. 이러한 논리는 조선 지식인에게 굴욕감을 불러일으켰다. 일본의 문명론적 공격을 정면에서 반박하려면, 조선 내부에 근대적 사고의 요소가 존재했다는 증거가 필요했다. 실학은 바로 그 증거로 선택되었다. 지식인들은 조선 후기에 등장한 몇몇 실용적 논의를 '자생적 근대성의 씨앗'으로 해석하면서, 일본의 평가를 반박할 논리적 기반을 구축하려 했다.

그러나 이러한 전략은 조선의 근대적 결함을 감추는 데는 효과적이었지만, 조선 후기의 실질적 현실을 분석하는 데는 거의 도움이 되지 않았다. 조선 후기 실학자들이 제시한 정책 제안이나 경제적 개선 방안은 실제 국가 운영 체제와 연결되지 않았다. 사대부 중심의 정치 구조는 실학자들이 제기한 문제를 흡수할 만큼 유연하지 않았고, 조선 사회는 기존 질서를 변경할 만큼의 동력을 갖고 있지 않았다. 실학을 아무리 근대적 사유로 해석하더라도, 그것이 조선이라는 체제를 움직이는 실제 힘으로 작동하지 못했다는 사실은 변하지 않는다.

실학이 심리적 방패였다는 점을 가장 분명하게 보여주는 요소는, 실학에 대한 해석이 당시 지식인의 욕망에 따라 임의적으로 확장되었다는 사실이다. 예를 들어 1930년대 조선학 연구에서 실학은 단순히 기술적·경제적 실용주의뿐 아니라 조선 문화의 '자율성', 조선 정신의 '독창성', 조선 사회의 '도덕적 우월성'까지 포괄하는 개념으로 재정의되었다. 원래 실학이라는 단어가 가지는 학문적 지향성이 아니라, 지식인이 필요로 하는 의미가 실학이라는 이름 안에 주입되었다. 실학은 조선의 열등감을 보완하기 위한 상징적 도구로 부풀려졌고, 이 과정에서 역사적 사실과 심리적 욕구는 구별되지 않았다.

1930년대 실학 담론은 또한 현실을 회피하는 수단으로 기능했다. 조선이 실패한 이유를 조선의 구조적 문제에서 찾기보다는, 조선이 가졌던 '근대적 가능성'을 확대하여 심리적으로 위안을 얻는 방식이었다. 지식인들은 실학을 통해 '조선도 할 수 있었다'는 메시지를 전달했고, 이는 조선의 실패가 구조적 무능 때문이 아니라 환경적 제약 때문이라는 해석으로 이어졌다. 이런 방식의 위안은 당대의 상처를 완화했지만, 조선의 문제를 냉정하게 진단할 기회를 빼앗았다.

실학 담론은 이후 해방기 역사학에도 그대로 이어졌다. 해방 이후 한국 사회는 실학을 조선의 자생적 근대성의 증거로 사용했고, 조선 자체에 대한 비판 대신 "조선의 가능성"을 강조하는 방향으로 역사 서술이 정착되었다. 이것은 조선을 분석 대상으로 삼기보다, 조선이라는 이름에 자존감을 투사하기 위한 심리적 논리였다. 실학을 근거로 조선의 근대성을 주장하는 서사는 결국 조선의 실패를 구조적으로 이해하지 못하게 만들었다.

결국 1930년대 실학 담론은 학문적 발견이 아니라 심리적 요구의 반영이었다. 실학은 조선이 근대 세계에 대응하지 못한 구조적 한계를 설명하는 도구가 아니라 그 한계를 가리는 가면이었다. 실학을 과도하게 부각하는 태도는 조선의 현실을 정확하게 이해하는 데 방해가 되었고, 조선학이라는 흐름이 남긴 가장 깊은 그림자 중 하나였다.

요약하자면, 1930년대 실학 재해석은 다음과 같은 성질을 지닌다.

1. 조선의 실패를 내부적 원인에서 분리하기 위한 심리적 방어 장치
2. 일본 제국주의의 문명 담론에 대한 상징적 반격 수단
3. 조선의 잠재력을 과장하여 자존감을 보완하는 정신적 장치
4. 현실을 분석하기보다 상징을 강화하는 선택적 기억 구조
5. 조선학이라는 정치·문화적 흐름의 핵심 허구

따라서 실학을 정확히 이해하려면, 그것을 조선 후기 학문의 실제 내용으로만 보아서는 안 된다. 실학은 1930년대 지식인이 만들어낸 방어적 해석이며, 조선의 실패를 직면하지 못한 시대의 산물이다. 실학을 과대 해석하는 순간, 조선의 근대 실패는 다시 은폐되고, 조선학의 유령은 지금도 한국 사회를 따라다닌다.

2. '조선 정신'이라는 창안된 전통

  1930년대 조선 지식인들이 가장 적극적으로 수행한 작업 가운데 하나는
'조선 정신'이라는 이름의 전통을 새로 만들어내는 일이었다. 이 전통은 과
거로부터 자연스럽게 전승된 실체가 아니었다. 오히려 식민지 상황에서 조
선이 스스로를 지켜내기 위해 창조한 상징적 체계였다. 그러나 이 상징은
실제 조선의 역사적 조건과 사회 구조를 반영하기보다는 당시 지식인들이
필요로 했던 정서적·정치적 역할을 수행하는 방향으로 구성되었다. 그 결과
'조선 정신'이라는 용어는 역사적 사실에 기초한 개념이라기보다, 욕망이
덧입혀진 상상물에 가까웠다.

  이 개념이 등장한 배경에는 식민지 통치가 만들어낸 모순된 요구가 있었
다. 일본 제국은 조선을 근대화가 불가능한 사회로 규정했지만, 동시에 조
선의 협조를 얻기 위해 '전통의 존중'을 외교적 수사로 사용했다. 조선 지식
인들은 이러한 식민지 권력의 모순을 인식하면서도, 조선의 정체성을 지키
기 위해 스스로 동일한 언어를 사용할 수밖에 없었다. '조선 정신'이라는 말
은 그런 상황에서 탄생했다. 즉, 지배 질서가 강요한 정체성 언어를 거꾸로
빌려 와 조선의 고유성을 주장하는 방식이었다.

  그러나 여기에는 근본적 문제가 있었다. 조선은 장시간 명분 중심의 관념
체계를 강조해 왔지만, 그것이 사회 구성원 전체를 하나로 묶는 자주적 정
신으로 기능한 적은 거의 없었다. 조선 왕조의 사상 구조는 국가 운영의 현
실성과 연결되지 않았고, 실제 삶의 조건을 개선하는 데 제한적이었다. 정
치 권력은 종종 '도덕'을 명분으로 활용했지만, 그 도덕은 공공선이 아니라
지배층의 정당성을 유지하는 수단이 되는 경우가 많았다. 이런 구조적 조건

을 고려할 때, 1930년대 지식인이 주장한 '조선 정신'은 실제 조선이 갖고 있던 사상적 토대를 반영한 개념이라기보다, 그들이 바랐던 조선의 모습에 더 가까웠다.

'조선 정신'은 세 가지 축을 중심으로 구성되었다. 첫째는 순수성이다. '조선은 외부 문명에 의존하지 않고 스스로의 정신문화를 유지해왔다'는 서술은 당시 지식인들이 널리 사용한 표현이었다. 그러나 조선의 사상 구조는 중국 문명에 기초한 유교 체계에 깊숙이 의존하고 있었고, 국가 운영의 핵심 원리 역시 중국에서 비롯된 예제(禮制)에 따르고 있었다. 조선이 전통을 유지했다는 사실 자체가 고유성의 증거가 아니라, 오히려 체제의 자기 개혁 능력이 미약했다는 증거로 해석될 여지가 크다. 이를 숨기기 위해 등장한 개념이 바로 '순수성'이라는 말이었다.

둘째 축은 도덕성의 절대화다. 조선 지식인들은 조선 사회를 윤리적 가치가 중심이 되는 문명으로 묘사하려 했다. 조선의 유교적 규범을 공동체의 정신적 자산으로 올려놓는 방식이었다. 그러나 조선에서 도덕은 실제 행정적 효능과 연결되지 않았고, 제도적 안정성을 보장하는 방향으로 발전하지 못했다. 도덕 담론은 종종 정책 결정을 방해하거나 현실을 왜곡하는 기능을 수행했다. 예를 들어 조선 후기의 경제 정책은 도덕적 이상을 규범으로 삼는 바람에 실제 경제 구조의 변화와 괴리되는 경우가 많았다. 그럼에도 1930년대 지식인들은 조선의 도덕적 가치를 조선의 우수성을 증명하는 근거로 사용했다. 이 과정에서 조선의 도덕 체계가 지닌 문제는 은폐되거나 축소되었다.

셋째 축은 민족적 단일성이다. '조선 정신'이라는 담론은 조선 사회가 내부적으로 하나의 공동체 정체성을 공유해왔다고 주장했다. 그러나 조선은 신분제와 지역적 분절이 심한 사회였고, 구성원 간 연대성이 국가 단위로 형성된 적이 거의 없었다. 양반과 상민, 평민과 노비 사이에는 동일한 정신을 공유했다고 보기 어려운 분명한 장벽이 존재했다. 지역적 배제 역시 심각하여, 특정 지방은 중앙 정치에서 지속적으로 소외되었고 관료·군사·경제적 자원의 배분에서도 차별이 구조화되어 있었다. 이런 현실을 감안하면 조선 전체가 하나의 '정신'을 공유했다는 서사는 역사적 사실과 거리가 멀다.

하지만 이러한 복잡한 현실은 식민지 지식인의 시각에서 보기 어려운 진실이었다. 조선이 실패한 이유를 내부에서 찾기 시작하면 조선에 대한 신뢰는 더 깊이 무너질 위험이 있었기 때문이다. 지식인은 상처를 방어하기 위해 조선을 긍정적으로 재구성했고, 그 작업의 대표적 산물이 '조선 정신'이라는 개념이었다. 이는 실제 과거를 반영하기보다, 지금 여기에서 필요로 하는 위로를 충족하기 위한 구성물이었다.

'조선 정신'이 창안된 전통이라는 점은, 그것이 역사적 근거보다 심리적 필요에 의해 확장되었다는 사실에서 잘 드러난다. 1930년대 글을 살펴보면, 조선 정신이란 용어는 일관성이 없다. 어떤 글에서는 민중의 순박함을 말하고, 어떤 글에서는 양반문화의 정교함을 조선 정신이라고 부른다. 또 어떤 글에서는 공동체주의를 조선 정신이라고 하고, 다른 글에서는 개인적 문학 감수성을 조선 정신으로 설명한다. 이렇게 상반되는 요소가 모두 '조선 정신'이라는 하나의 이름 아래 들어가는 이유는, 그 개념이 실제 역사적 실체를 기반으로 만들어진 것이 아니기 때문이다. 그것은 조선이 무엇이었는지를 말하는 개념이 아니라, 조선이 무엇이었으면 좋겠는지를 설명하는 개념이었다.

이 창안된 전통은 두 가지 중요한 효과를 낳았다. 하나는 조선 자체에 대한 비판을 차단하는 기능이었다. 조선 정신이 긍정적 가치의 총합처럼 설정되었기 때문에, 조선의 실패를 구조적으로 분석하려는 시도는 '전통을 훼손하는 행위'로 간주되었다. 지식인들조차 조선의 문제점을 명확하게 지적하는 것을 꺼렸다. 그 결과 조선 후기의 구조적 한계, 즉 제도적 비효율, 경제적 정체, 사회적 이동성의 부족, 파벌 정치의 장기화는 진지하게 다뤄지지 않았다. '정신'이라는 추상적 개념이 현실을 가리는 방식으로 작동한 것이다.

다른 효과는, 조선학이라는 거대한 흐름이 조선을 미화하는 토대를 마련했다는 점이다. 조선학은 원래 조선 문화를 연구하기 위한 지적 시도였지만, '조선 정신'이라는 개념이 포함되면서 역사적 연구보다 정서적 해석이 강화되었다. 연구 대상이 사실에서 감정으로 이동했고, 조선은 분석해야 할 역사적 객체가 아니라 숭배해야 할 문화적 상징으로 변했다. 조선학의 유령은 바로 이 지점에서 태어난다. 과거는 이해되기보다, 위안의 대상으로 재창조되었다.

이 창안된 전통은 해방 이후에도 그대로 재사용되었다. 대한민국 정부 수립 이후 조선 정신 담론은 민족적 정체성을 강화하는 데 효과적인 도구로 활용되었고, 교육·문학·예술 전반에서 조선의 긍정적 이미지가 확산되었다. 그러나 그 이미지 대부분은 조선이 실제로 어떤 사회였는지를 설명하기보다, 한국 사회가 스스로를 안정시키기 위해 만들어낸 기억 구조에 가까웠다. 조선 정신이라는 말은 시간이 지날수록 더 많은 의미를 흡수하며 '역사적 진실'처럼 굳어졌지만, 그것이 역사적 검토를 거친 사실이라는 증거는 어디에도 없다.

결국 '조선 정신'은 조선이라는 사회를 온전히 이해하기 위한 개념이 아니라, 조선을 정서적 상징으로 재구성하기 위한 수단이었다. 조선은 내부적으로 수많은 문제를 안고 있었지만, 그 문제는 정신이라는 이름 아래 사라졌다. 조선의 실패를 이해하기 위해 필요한 것은 '정신'이라는 추상적 언어가 아니라, 조선을 구성했던 제도·경제·정치·사회 구조에 대한 실증적 분석이다.

조선학의 유령이 지금도 지속되는 이유는, 조선 정신이라는 창안된 전통이 여전히 한국 사회의 정체성 기제를 구성하고 있기 때문이다. 그것은 조선을 이해하는 데 도움을 주기보다, 조선을 오해하게 만드는 장치다.

조선을 제대로 이해하려면, 조선 정신이라는 환상을 걷어내야 한다. 과거를 재창조하는 작업이 아니라, 과거를 해부하는 작업이 필요하다.

3. 정인보와 안재홍이 만든 조선의 상상된 얼굴

정인보와 안재홍은 1930년대 조선학을 대표하는 지식인이었으며, 두 사람은 조선에 대한 새로운 이미지를 창조하는 데 결정적 역할을 했다. 그들이 남긴 텍스트는 식민지 상황에서 조선을 지켜내기 위한 지적 노력으로 평가되지만, 그 노력 안에는 조선을 실제보다 훨씬 긍정적으로 재구성한 요소가 분명 존재한다. 그들이 만든 '조선의 얼굴'은 역사적 사실이 아니라 심리적 필요를 중심에 둔 구성물이었으며, 그 상상된 조선은 이후 해방기와 현대 한국의 정체성 담론에도 지속적인 영향을 남겼다.

정인보의 핵심 작업은 조선의 역사를 '얼(精)'이라는 관념으로 통합하는 데 있었다. 그의 조선학에서 조선은 하나의 공동체 정신을 공유한 문화 집단으로 나타난다. 그는 조선을 오래된 미덕과 도덕적 기품을 지닌 민족으로 묘사했고, 그 정신이 오랜 시간 외세의 침탈 속에서도 끈질기게 살아남았다고 주장했다. 그러나 실제 조선 사회는 공동체의 일체감보다는 신분적 분절과 지역적 단절이 구조적으로 심한 사회였다. '하나의 정신'이라는 말은 조선을 이해하기 위한 개념이라기보다 조선의 무력감을 보상하기 위해 만들어진 이상적 틀이었다.

정인보가 조선을 정신 공동체로 묘사한 이유는 당시 조선이 직면한 현실과 깊이 연결된다. 조선은 식민지 통치 아래 정치적 권리를 잃었고, 경제적 자립 기반도 심각하게 훼손되었다. 이런 상황에서 조선 지식인이 현실을 냉정하게 분석하면 조선은 국제적 경쟁력을 갖추지 못한 사회로 보일 위험이 있었다. 그래서 그는 조선의 역사적 실체보다 조선이 유지해온 '정신적 가치'를 강조하는 방식을 택했다. 이로 인해 조선의 실패는 구조적 원인보다 외부의 침략과 억압 때문에 발생한 것으로 해석되는 경향이 강화되었다.

안재홍의 조선학은 정인보와 또 다른 방향에서 조선을 재구성했다. 그는 조선을 자주성과 공동체적 협동심을 가진 민족으로 그려냈다. 그의 표현에서 조선은 '단일한 민족적 의지'를 지닌 집단이며, 조선사는 민족이 스스로의 삶을 지켜온 투쟁의 역사로 묘사된다. 그러나 조선사는 일관된 민족적 단일성을 보여주기보다는, 권력층의 패권 다툼과 신분제의 경직성, 정치적 무책임이 반복된 구조였다. 안재홍의 재해석은 조선의 문제를 정면으로 다루기보다, 조선이 지닌 잠재적 가능성을 강조하는 방식으로 현실을 우회했다.

두 사람의 조선학이 공유한 특징은 조선을 '있었던 모습'이 아니라 '있어야 할 모습'으로 재구성했다는 점이다. 이것은 학술적 해석이 아니라 상상적 재편이었다. 조선이 가진 한계, 즉 제도적 비효율, 경제적 취약성, 기술 발전의 정체, 상층 중심의 정치 구조는 그들의 텍스트에서 조심스럽게 다뤄지거나 아예 언급되지 않았다. 그 대신 조선은 민족적 고유성과 도덕적 우위로 설명되었다. 이러한 재구성은 조선인의 자존감을 높이는 데는 효과적이었지만, 조선을 이해하는 데 필요한 분석 능력을 약화시키는 결과를 낳았다.

정인보가 말한 '얼'은 조선의 정신적 근간을 상징했지만, 이 개념은 실제 역사적 경험과 쉽게 연결되지 않았다. 조선의 정치 문화는 공동체 중심이 아니라 가문 중심이었고, 공공선보다 사적 이해가 우선시되는 경향이 강했다. 조선의 문화가 정교한 측면을 가진 것은 사실이지만, 그것을 하나의 가치로 묶어 조선 정신으로 승화시키는 행위는 역사적 개연성을 약화시키는 조작에 가까웠다. 정인보의 얼은 조선을 단일한 주체처럼 보이게 만들었지만, 조선은 실질적으로 수많은 내부적 균열로 구성된 복합적 사회였다.

안재홍의 조선학 역시 조선을 이상화하는 요소가 강했다. 그는 조선을 단일한 민족으로 규정하고, 조선의 역사를 공동체 의지의 연속된 흐름으로 묘사했다. 그러나 조선은 계층 구성이 매우 고착된 사회였으며, 양반 중심의 권력 구조가 사회적 이동성을 철저히 억압했다. 조선 후기 농촌 사회는 공동체적 협동보다 생존 경쟁이 더 강조되었고, 국가의 배분 구조는 공정과 거리가 멀었다. 안재홍이 말한 조선의 내재적 자율성은 조선의 현실보다는 조선이 지향해야 할 이상에 가까웠다.

두 학자가 만든 상상된 조선은, 조선의 문제를 해결하기 위한 분석적 틀이 되기보다 조선의 무능을 은폐하는 방식으로 작용했다. 조선의 실패는 구조적 요인을 중심으로 재검토되기보다, 조선의 정신적 자산이 훼손된 결과로 이해되었다. 조선은 외부의 압력 때문에 본래의 미덕을 발휘하지 못한 것처럼 설명되었다. 이런 방식은 조선 내부의 문제, 즉 지배층의 무책임, 파벌 정치의 장기화, 기술 혁신의 부재를 구조적 문제로 인식하지 못하게 했다.

정인보와 안재홍의 조선학은 단지 조선을 긍정적으로 묘사한 것이 아니라, 조선의 '결함 있는 부분'은 의도적으로 비켜가고, 조선이 가진 '원하던 모습'만을 확대하는 방식으로 조선을 재구성했다. 이 방식은 해방 이후에도 그대로 이어져, 조선은 자주적이고 도덕적이며 순수한 공동체라는 이미지로 굳어졌다. 그러나 이러한 이미지는 조선이 실제로 어떤 사회였는지를 이해하는 데 오히려 방해가 된다. 조선의 구조적 문제를 정확히 이해해야만 한국 사회는 과거의 실수를 반복하지 않을 수 있는데, 상상된 조선은 그 분석을 어렵게 만든다.

정인보와 안재홍은 조선학을 민족적 정신의 복원으로 이해했지만, 그 복원은 실제 복원이 아니라 창작에 가까운 재구성이었다. 그들이 그린 조선은 역사적 조선과 닮은 점보다 닮지 않은 점이 더 많다. 조선을 공동체적 신뢰와 윤리적 질서가 살아 있는 사회로 묘사했지만, 실제 조선은 사적 이해관계가 공적 기준을 압도했던 사회였다. 조선의 법제는 엄격했지만 공정하게 작동한 적이 드물었고, 지배층의 도덕적 무책임은 사회적 혼란을 반복적으로 초래했다. 이런 현실적 요소는 조선학 텍스트에서 주변으로 밀려났다.

결국 두 지식인이 만들어낸 조선의 얼굴은 조선을 이해하기 위한 렌즈가 아니라 조선을 미화하기 위한 가면이었다. 이 가면은 당시 조선인의 자존감을 지키는 데는 효과적이었지만, 조선을 냉정하게 바라보는 능력을 약화시키는 결과를 낳았다. 조선의 문제를 직면하지 않는 사회는 과거의 실패를 반복할 위험이 크다. 조선학이 만들어낸 상상된 조선은 역사적 이해를 돕기보다, 조선이라는 사회가 지닌 구조적 약점에 대한 성찰을 방해하는 방향으로 작동했다.

이 상상된 조선은 해방 이후의 민족주의 서사에도 깊이 스며들었다. 한국 사회는 '도덕적 민족', '자주적 민족', '순수한 민족'이라는 이미지를 반복적으로 사용했고, 이 이미지들은 조선학이 만들어낸 상징적 조선과 밀접하게 연결되어 있다. 그러나 실제 조선이 그러한 사회였다는 증거는 미약하다. 오히려 조선은 자율적 발전 능력을 충분히 발휘하지 못했고, 외부 변화에 대응할 제도적 역량도 제한적이었다. 이런 현실을 인정하지 않는 한, 한국 사회는 조선을 통해 얻어야 할 교훈을 제대로 얻을 수 없다.

정인보와 안재홍의 조선학을 이해한다는 것은 조선을 어떻게 보아야 하는지를 다시 생각하는 일이다. 그들이 만든 조선은 조선의 이상적 자화상에 불과하며, 실제 조선은 그 자화상과 거리가 멀다. 조선을 비판적으로 이해하려면, 조선학이 만든 상상된 조선과 결별해야 한다. 그 결별 없이는 조선의 문제를 이해할 수 없고, 조선의 실패에서 배울 수도 없다.

조선을 다시 바라볼 때 필요한 것은 미화된 얼굴이 아니라 있는 그대로의 복잡한 얼굴이다. 정인보와 안재홍이 남긴 텍스트는 그 복잡성을 지우고 단순화하는 역할을 했고, 그 단순화가 만들어낸 조선은 지금도 한국 사회의 역사 인식을 뒤흔드는 강력한 환영으로 남아 있다.

4. 민족정신의 학문화: 감정이 학설이 되는 순간

1930년대 조선 지식인들이 수행한 가장 위험한 지적 실험은 '민족정신'을 학문의 언어로 포장한 작업이었다. 이 작업은 조선의 역사적 실체를 분석하려는 시도가 아니라, 조선인들이 느끼던 상실감·굴욕감·불안감을 해소하기 위한 정서적 기제를 학술의 형태로 구축하는 과정이었다. 그 결과, 감정이 사실을 대체하고, 욕망이 분석을 밀어내며, 조선에 대한 비판적 이해는 점점 희미해졌다. 민족정신의 학문화는 조선의 과거를 설명하기 위한 모델이 아니라 조선의 자존심을 재건하려는 심리적 장치였다.

식민지 상황에서 조선은 현실적으로 어떠한 독자적 권한도 갖지 못했다. 정치적 주권은 상실되었고, 경제적 기반도 일본 자본에 의해 빠르게 흡수되었으며, 교육·언론·문화 전반이 제국의 정책 아래 놓였다. 이런 조건에서 지식인은 조선의 지적 정체성을 지키기 위해 '우리에게는 일본이 갖지 못한 고유한 정신이 있다'는 논리를 끌어올 수밖에 없었다. 이것이 바로 민족정신 담론의 출발점이었다. 그러나 이 출발은 조선의 실제 사회 구조와 사상 전통을 검토해 나온 결론이 아니라, 상실감을 보상하기 위한 감정적 반응이었다.

문제는 이 감정적 반응이 학설로 포장되기 시작했다는 점이다. 감정은 사실을 대신할 수 없지만, 식민지의 억압적 환경에서는 감정이 논리를 압도하는 일이 자주 일어났다. 조선학은 조선을 재발견한다는 명목으로 출발했지만, 실제로는 조선이 어떤 사회였는지를 냉철하게 파악하려는 학문적 노력과는 거리가 멀었다. 민족정신이라는 개념은 주로 문학적 이미지, 심리적 바람, 이상적 공동체 서사로 구성되었고, 조선의 사회 제도·경제 구조·정치 문화는 이를 설명하는 데 적극적으로 사용되지 않았다.

민족정신이 학문화되는 과정에서 첫 번째로 희생된 것은 조선의 복합성이었다. 조선은 신분제, 지역 격차, 경제적 취약성, 정치적 무능이 얽혀 있는 복잡한 사회였으며, 다양한 사회적 긴장이 교차하는 다층적 구조를 지니고 있었다. 그러나 민족정신 담론에서는 조선이 단일한 정서와 도덕적 가치를 공유한 공동체로 묘사되었다. 양반·중인·평민·노비가 같은 정신을 가지고 있었다는 식의 서술은 사실적 근거가 없는 상상의 구조물이다. 이러한 단순화는 조선을 이해하기 위해 반드시 필요한 구조적 분석을 무력화시키는 효과를 낳았다.

두 번째 문제는, 민족정신이 조선의 결함을 장점으로 변환시키는 도구가 되어버렸다는 점이다. 조선의 폐쇄성은 '전통 보존', 경제적 낙후는 '도덕 우위', 제도적 경직성은 '순수성', 국제 감각의 부족은 '자주성'으로 재해석되었다. 조선의 문제를 문제로 인정하지 않고, 오히려 그것을 고유성의 증거라고 주장하는 방식이 확산되었다. 이러한 왜곡은 조선의 실패를 분석하는 데 필요한 지적 기반을 약화시켰다. 조선 후기의 붕괴를 진단하기 위해서는 제도의 경직성, 경제의 정체, 국제적 고립이라는 구조적 문제를 직면해야 하지만, 민족정신 담론은 이러한 현실을 '정신적 우월성'이라는 언어로 덮어버렸다.

세 번째 문제는, 민족정신이 조선의 역사적 경험을 단선화했다는 점이다. 민족정신 담론에서 조선의 역사는 하나의 방향성, 하나의 공동체 의지, 하나의 정서로 이어지는 이야기로 재구성되었다. 그러나 실제 조선사는 끊임

없는 갈등과 분열, 파벌 경쟁, 제도 실패로 점철되어 있으며, 정치문화는 일관성을 유지하지 못했다. 민족정신은 그 복잡한 역사를 과감하게 덜어내고, 조선이 마치 '한 의지를 가진 주체'처럼 묘사하는 방식을 택했다. 이는 조선의 다층적 현실을 설명하기보다 지식인의 감정적 요구를 충족시키는 작업이었다.

감정이 학설이 되는 순간, 학문은 현실을 분석하는 능력을 잃는다. 민족정신 담론은 조선을 설명하는 대신 조선을 보호하려는 심리적 기능을 수행했다. 특히 1930년대 조선 지식인에게 민족정신은 일본 제국주의의 문명론을 거부하는 방패였지만, 그 방패는 사실적 기반이 매우 약했다. 일본이 조선을 후진적이라고 규정하자, 지식인은 조선이 도덕적으로 우월하다는 논리로 대응했다. 일본이 조선의 경제적 낙후를 비판하자, 지식인은 조선의 공동체적 미덕을 강조했다. 이러한 대응 방식은 감정적 만족을 줄 수는 있어도, 조선의 구조적 문제를 해결하는 데는 아무런 도움이 되지 않았다.

민족정신이 학문화되면서 가장 심각한 결과는 조선에 대한 비판 자체가 금기시되기 시작했다는 점이다. 민족정신은 조선을 긍정적으로 묘사하는 방식과 결합했기 때문에, 조선의 약점을 지적하는 일은 곧 '민족을 훼손하는 행위'로 간주되었다. 학문은 비판을 통해 발전하지만, 당시의 분위기에서는 조선을 냉정하게 평가하는 것이 공동체의 정체성을 흔드는 위험한 행동처럼 여겨졌다. 조선은 사실로서 존재한 사회가 아니라, 보호해야 할 상징으로 변했기 때문이다. 이 상징화 과정은 조선의 실제 문제를 드러내는 기회를 차단했다.

또한 민족정신 담론은 조선의 역사에 대한 권력적 해석을 가능하게 했다. 조선의 역사적 사건들은 민족정신의 흐름을 증명하기 위한 사례로 선택적으로 사용되었다. 조선의 문화적 성취는 민족정신의 증거로 강조되었고, 조선의 패배나 실패는 외부 요인으로만 설명되었다. 민족정신은 조선의 전 역사를 하나의 목적론적 흐름으로 재구성했으며, 이는 조선을 객관적으로 이해하려는 노력을 약화시키는 결과를 낳았다.

민족정신의 학문화가 가진 또 다른 문제는 정치적 이용 가능성이 매우 높았다는 점이다. '민족정신'이라는 개념은 구체적 정의가 불가능할 만큼 모호하기 때문에, 어떤 정치 세력이라도 자신이 가진 목적에 따라 자유롭게 사용할 수 있었다. 그 결과, 조선학은 정치적 정당성을 확보하기 위한 수단으로 변질되었고, 조선의 실제 모습은 정치적 서사 속에서 재구성되었다. 조선은 더 이상 분석의 대상이 아니라, 동원 가능한 상징적 자원으로 취급되었다.

이처럼 민족정신의 학문화는 조선에 대한 진지한 분석을 막고, 조선의 실패를 반성할 기회를 훼손했다. 조선은 구체적 제도와 경제 구조를 가진 현실적 공동체였지만, 민족정신 담론은 그 현실을 감정적 상징으로 덮어버렸다. 조선의 문제를 마주하지 않는 한 조선의 실패는 반복될 수밖에 없다. 한국 사회가 근대 이후 오랫동안 제도적 혼란과 정체성 갈등을 겪은 이유 중 일부는, 조선을 있는 그대로 분석하려 하지 않고 상징적 조선에 집착한 데 있다.

민족정신의 학문화는 결국 다음과 같은 결론으로 귀결된다.

1. 감정이 논리를 대체하면 조선의 실패는 분석되지 않는다.

2. 분석되지 않은 실패는 교훈이 되지 못한다.

3. 교훈 없는 과거는 미래의 전략을 만들지 못한다.

1930년대 지식인들이 민족정신을 학설로 포장한 순간, 조선의 역사적 현실은 지식인의 심리적 욕망 아래 묻혔다. 민족정신은 조선을 보호하는 도구였지만, 동시에 조선을 이해하지 못하게 만드는 장애물이기도 했다.

조선을 정확히 이해하기 위해 필요한 것은 민족정신이라는 추상적 언어가 아니라, 조선을 움직였던 제도적 구조와 사회적 조건, 그리고 조선이 실패한 구체적 원인을 분석하는 시각이다. 감정이 학설이 되는 순간 역사는 현실을 비추는 거울이 아니라 자신을 위로하는 그림으로 변해 버린다. 조선을 극복하려면, 그 그림에서 벗어나야 한다.

5. 식민사관의 부정에서 탄생한 또 다른 신화

일본 제국의 식민사관은 조선 지식인에게 커다란 상처를 남겼고, 그 상처는 곧 격렬한 반발로 이어졌다. 문제는 이 반발이 조선을 있는 그대로 재검토하는 방향으로 나아가지 않았다는 점이다. 식민사관을 부정하려는 시도가 새로운 사실 해석을 낳을 수도 있었지만, 실제로는 다른 종류의 신화를 만들어내는 결과를 낳았다. 식민사관은 조선을 폄하했지만, 그 부정 과정에서 지식인들은 조선을 과도하게 미화하는 또 하나의 허구적 서사를 생산했다.

식민사관을 거부하는 일은 필요했다. 그러나 당대의 분위기에서는 식민사관의 논리뿐 아니라 조선에 대한 비판적 사유 자체가 동일한 것으로 취급되었다. 조선의 구조적 한계를 인정하는 행위는 식민지 지배의 논리를 받아들이는 것으로 오해되기 쉬웠다. 그 결과 지식인들은 조선을 비판하는 대신, 조선의 긍정적 요소만을 선별해 과장하는 방식으로 대응했다. 이것이 '또 다른 신화'가 만들어진 과정이었다.

식민사관의 부정을 통해 탄생한 첫 번째 신화는 조선의 도덕적 우월성이다. 일본 제국이 조선을 무능한 국가로 규정하자, 조선 지식인은 조선의 '도덕적 기질'을 대안적 우월성으로 내세웠다. 조선은 정치·경제에서 뒤처졌지만, 윤리적 기반은 일본보다 더 고상하며, 그 정신적 기품이 조선의 본질이라는 주장이다. 그러나 조선의 정치 운영은 도덕 원칙보다 가문의 이해관계와 파벌의 계산에 휘둘리는 경우가 많았고, 국가의 행정 능력도 이 도덕적 원리와 일치하지 않았다. 조선의 제도와 윤리는 괴리된 채 병존했으며, 실제 행정 현실은 도덕적 우월성을 주장하기 어려운 구조였다. 도덕은 국가 운영의 기준이 아니라 지배층의 표면적 언어로 남아 있는 경우가 많았다. 그럼에도 지식인들은 조선의 도덕성을 의도적으로 확대하여 식민사관의 공격에 대응했다.

두 번째 신화는 조선의 잠재적 근대성이다. 조선이 근대화되지 못한 이유를 내부의 구조적 정체 때문이 아니라, 외부의 억압과 환경적 제약 때문이라고 설명하는 방식이 여기에 속한다. 조선 후기 실학자들의 일부 주장과 경제활동의 조짐이 '근대적 요소'로 규정되며, 조선은 스스로 근대화의 길을 열고 있었다는 해석이 만들어졌다. 그러나 조선의 제도적 구조는 근대적 전환을 수행할 동력을 갖고 있지 않았다. 상공업 활동은 양반 중심의 이데올로기와 충돌했고, 기술 혁신은 체제 내부의 저항에 부딪혀 확산되지 못했다. 사상적 개혁이 제도적 변화로 연결되지도 않았다. 잠재력이 있었다는 설명은 사실을 설명하는 언어라기보다, 조선의 실패를 인정하지 않으려는 심리적 방어에 가깝다.

세 번째 신화는 조선의 자율적 공동체성이다. 일본 제국은 조선을 중앙집권적 국력이나 제도 운영 능력이 부족한 사회로 규정했으며, 이를 근거로 통치의 정당성을 주장했다. 이에 맞서 지식인들은 조선이 상부 권력보다 아래 공동체가 중심이 되는 자율적 사회였다고 설명했다. 조선의 향촌 사회가 협동과 상호부조를 중심으로 운영되었다는 해석은 실제보다 훨씬 이상화된 것이다. 조선의 향촌 질서는 신분적 위계와 세력 간 균형에 의해 유지되었고, 국가의 조세·군역·노역을 부담하는 구조는 결코 평등하거나 자율적이지 않았다. 향촌 단위의 자치적 요소가 존재했던 것은 사실이지만, 그것을 조선 전체의 공동체 정신으로 확장하는 것은 과도한 일반화였다.

네 번째 신화는 조선의 문화적 우수성이다. 조선의 문학·예술·사상 전통은 분명 뛰어난 부분이 있었지만, 그것을 조선 전체의 문화적 실체로 일반화하는 방식은 조선의 문화 발전이 가진 한계를 숨기기 쉬웠다. 조선의 문화는 특정 계층 중심으로 발전했으며, 문해력이 사회 전체로 확산된 것도 아니었다. 특히 과학기술의 발전은 정체 상태에 머무르는 경향이 강했고, 국제 교류의 부족은 조선의 문화가 새로운 흐름에 적응하기 어렵게 만들었다. 그럼에도 식민사관을 반박하기 위한 조선학 담론은 조선의 문화적 자산을 과도하게 부각하며 '정신적 문명'이라는 개념을 만들어냈다. 이는 일본이 제시한 문명론적 열등감을 극복하기 위한 반작용이었지만, 실제 조선의 문화 능력을 설명하는 데는 불완전했다.

다섯 번째 신화는 조선의 역사적 일관성이다. 식민사관은 조선의 역사를 무기력한 반복으로 설명했고, 지식인들은 이 부정적 해석을 거부하기 위해 조선의 역사에 일관된 '민족적 흐름'을 부여했다. 이 흐름은 조선의 역사적 사건 간의 상관성을 과도하게 강조하고, 조선 사회의 내부 갈등·분열·정치적 불안정을 하나의 민족적 의지 속에 통합하는 방식으로 서술되었다. 그러나 조선사는 단일한 목표를 향해 움직인 적이 거의 없었고, 왕조·파벌·지역 간의 갈등이 지속되는 구조가 일반적이었다. 일관된 흐름을 부여하는 것은 조선을 설명하는 것이 아니라 조선을 재구성하는 작업에 가까웠다.

이렇게 만들어진 신화들은 서로 연결되며 강력한 정체성 장치를 형성했다. 조선은 도덕적으로 뛰어났고, 잠재적으로 근대적이었으며, 공동체적 조화를 이루었고, 문화적으로 우수했으며, 역사적으로 일관된 흐름을 유지한 민족이라는 이미지가 형성되었다. 그러나 이러한 서술은 조선의 실제 모습을 정면으로 바라보는 데 필요한 비판적 시각을 약화시켰다. 조선의 문제를 분석하는 데 필수적인 요소들, 즉 제도의 경직성, 경제적 취약성, 기술 발전의 부재, 지배층의 무책임, 국제 질서 변화 대응 실패는 이러한 신화적 서사에서 배제되었다.

특히 주목해야 할 점은, 식민사관을 부정하는 과정에서 지식인들이 스스로 식민사관의 논리 구조를 반대로 뒤집어 사용했다는 사실이다. 식민사관이 조선을 무능한 사회로 규정했다면, 지식인들은 조선을 잠재적 능력이 충분한 사회로 규정했다. 식민사관이 조선의 역사적 후진성을 강조했다면, 지식인들은 조선의 문화적 우수성을 강조했다. 식민사관이 조선을 정체적 사회로 비판했다면, 지식인들은 조선의 역사를 목적론적 발전으로 해석했다. 논리 구조는 동일하고 결론만 뒤바뀌었다. 이런 방식의 부정은 식민사관을 극복한 것이 아니라, 식민사관의 반대 버전을 복제한 것에 불과하다.

결국 식민사관의 부정은 조선에 대한 새로운 이해를 낳지 못했다. 오히려 조선학이라는 다른 방식의 신화를 강화하며, 조선의 결함을 분석할 기회를 더욱 줄였다. 식민사관은 조선을 무력화시켰고, 조선학은 조선을 미화시켰다. 두 서사는 방향은 다르지만 구조적 기능은 유사하다. 둘 다 조선의 구조적 문제를 정확히 분석하지 못하게 만든다.

조선의 역사를 있는 그대로 이해하려면, 식민사관뿐 아니라 그 반대편에서 태어난 신화도 함께 걷어내야 한다. 식민사관을 부정하는 과정에서 생성된 신화는 조선을 보호하는 데는 유용했지만, 조선을 해부하는 데는 장애물이었다. 조선은 약점과 강점을 동시에 지닌 복합적 사회였으며, 그 복합성을 인정하는 것이야말로 진정한 식민사관 극복이다.

역사를 향한 비판적 시각은 사실을 중심에 두고 이루어져야 한다. 그러나 신화적 해석은 사실보다 감정과 욕망을 우선시한다. 조선학이 남긴 또 다른 신화를 넘어설 때, 비로소 조선의 실패도 교훈이 되고, 조선의 가능성도 정확히 평가될 수 있다.

6. '우리만의 고유성'이라는 위안의 언어

1930년대 조선 지식인들이 가장 자주 사용한 표현 가운데 하나가 "우리만의 고유성"이었다. 이 말은 조선이 일본과 다르다는 선언이자, 조선이 서구와도 구별되는 독자적 문명을 갖고 있다는 주장으로 활용되었다. 그러나 이 표현은 사실을 설명하는 언어가 아니라 상처를 달래는 위안의 언어였다. 조선이 실제로 얼마나 독자적인 문명을 갖고 있었는지, 그 문명이 어떤 구조적 한계를 지니고 있었는지에 대한 검토는 충분히 이루어지지 않았다. 고유성은 조선을 설명하는 틀이 아니라 조선을 미화하기 위한 방패로 작동했다.

'고유성'이라는 개념은 그 자체로 모호하다. 고유성이 문화적 특질을 의미하는지, 제도적 독자성을 의미하는지, 정신적 가치 체계를 말하는지조차 명확하지 않았다. 그럼에도 이 용어는 학술적 개념처럼 사용되었고, 조선의 전통·관습·정서가 하나의 일관된 체계를 형성한 것처럼 묘사되었다. 그러나 조선은 복잡한 제도적 균열과 신분적 단절, 지역적 차별, 경제적 취약성이 얽힌 사회였으며, 이를 단일한 고유성으로 묶는 것은 역사적 사실과 거리가 있다.

고유성을 강조하는 담론이 등장한 배경에는 식민지적 열세를 극복하려는 심리적 동기가 자리 잡고 있었다. 일본 제국은 조선을 후진적 사회로 규정하며, 조선이 문명적 발전의 능력을 갖추지 못했다고 주장했다. 이에 대응하기 위해 지식인들은 조선이 독자적인 가치 체계를 보유한 문명임을 강조했다. 그러나 이것은 조선의 현실적 능력을 보여주기 위한 논리가 아니라, 조선의 상처를 덮기 위한 정서적 움직임이었다. 고유성은 조선의 한계를 설명하는 언어가 아니라, 조선의 결함을 감추는 수단이 되었다.

　고유성 담론이 만들어낸 첫 번째 왜곡은 조선의 폐쇄성을 미덕으로 전환한 해석이다. 조선은 오랫동안 외부 세계와의 교류에 소극적이었고, 이 폐쇄성은 기술 혁신과 경제 성장의 발달을 제한했다. 국제 정세에 둔감했고, 새로운 사상을 받아들이는 데 매우 신중했으며, 중앙 정부는 외부의 제도와 기술을 도입하는 데 극도로 보수적이었다. 그러나 고유성 담론에서는 이 폐쇄성이 '전통 보존' 또는 '내적 안정 추구'로 포장되었다. 본래 문제였던 특징이 장점으로 변모했다. 조선이 변화에 둔감했던 이유는 구조적 경직성과 제도적 무능에서 비롯된 것인데, 고유성 담론에서는 그것이 문화적 자존의 결과로 설명되었다.

　두 번째 왜곡은 조선의 경제적 낙후를 도덕적 가치와 연결하는 방식이다. 조선은 농본주의에 기반한 경제 체제를 유지했고, 상업·공업·기술 발전에 부정적 태도를 보였다. 사농공상의 신분 구분은 경제 활동의 다양성과 역동성을 억제하는 방향으로 작동했다. 그런데 고유성 담론은 이를 조선의 '정적(靜的) 안정성' 또는 '윤리적 경제관'으로 설명했다. 경제적 실용성이 부족한 사회를 도덕적으로 우월한 사회로 재해석하는 과정에서, 경제 구조의 결함은 사라지고 미화만 남았다. 조선의 경제 체제가 가진 한계를 정확히 이해하려면, 상업 억압·기술 경시·토지 집중 등 현실적인 문제를 분석해야 하지만, 고유성 담론은 이런 현실을 침묵시켰다.

　세 번째 왜곡은 조선의 정치 문화에 대한 과장된 긍정이다. 조선의 정치 체제는 형식적으로는 유교적 기준에 따라 운영되었지만, 실제 정치 과정은 파벌 간의 경쟁과 사적 이해의 충돌로 점철되어 있었다. 명분을 내세우지만, 그 명분은 종종 권력 다툼의 도구가 되었다. 이런 정치적 무질서는 조선 후기 내내 반복되었다. 그런데 고유성 담론에서는 조선의 정치 전통이 '도덕 중심적'이고 '청렴한 사대부 정신'에 기반했다고 평가되었다. 사대부가 지녔던 도덕적 이상은 존재했지만, 그것이 국가 운영의 실제 동력이 된 적은 거의 없었다. 고유성 담론은 조선 정치의 실패를 비판하기보다, 존재하지 않는 정신적 우월성을 강조하는 방식으로 조선을 재해석했다.

네 번째 왜곡은 조선의 사회적 분열이 하나의 공동체 정서로 통합되는 과정이다. 조선 사회는 신분 구조가 엄격했고, 상층과 하층은 서로 다른 세계를 살아갔다. 양반은 특권을 유지하기 위해 제도를 고착시키는 방향으로 움직였으며, 평민과 노비는 사회적 이동성이 극도로 제한된 상태를 견뎌야 했다. 지역 간 차별도 심해, 특정 지역 출신은 관료 체계에 접근하기조차 어려웠다. 그런데 고유성 담론에서는 조선 사회가 '공동체적 감수성'을 공유했고, '정(情)의 문화'를 지녔다고 말한다. 이 서술은 조선의 심각한 불평등 구조를 지워버리고, 조선을 마치 따뜻한 공동체처럼 묘사하는 효과를 낳는다.

다섯 번째 왜곡은 조선의 기술 정체를 문화적 선택으로 해석한 것이다. 조선은 기술 혁신을 적극적으로 수용하는 사회가 아니었다. 기술자는 사회적 위계에서 낮은 평가를 받았고, 기술에 기반한 직업은 천시되었다. 그 결과 조선의 생산력은 오랫동안 정체 상태에 머무르며 세계 변화에 대응할 기반을 잃어갔다. 그러나 고유성 담론은 이러한 기술 경시를 '섬세한 문화적 감수성'이나 '정신적 가치 우선주의'로 포장했다. 현실의 한계가 미적 미덕으로 변형되는 순간, 고유성은 사실을 감추는 수단이 되었다.

여섯 번째 왜곡은 조선의 국제적 고립을 자주성으로 미화한 담론이다. 조선은 명·청 중심 국제 질서에 지나치게 의존했고, 주변국의 변화에 능동적으로 대응하지 못했다. 외교적 구조는 단선적이었고, 조선은 국제 관계에서 스스로의 주도권을 확보하지 못했다. 그러나 고유성 담론은 이러한 국제적 고립을 '자주적 전통 유지' 또는 '외세의 간섭을 배제한 고결한 태도'로 설명됐다. 실제로는 국제 감각의 부족과 외교 전략의 부재였던 요소들이, 고유성이라는 틀 안에서는 고상한 민족적 태도로 전환되었다.

고유성 담론을 자세히 들여다보면, 그 작동 방식이 얼마나 정서적이고 방어적이었는지 드러난다. 조선 후기부터 근대 전환기까지 이어지는 지적 풍토에서 '고유성'은 조선을 설명하는 분석 개념이라기보다, 조선을 보호하려는 심리적 장벽에 가까웠다. 말하자면 고유성은 조선이 가진 문제의 실체를 가리는 넓은 커튼이었다. 커튼 뒤에서는 제도적 부패, 정치 구조의 경직, 경제적 침체, 세계 변화에 대한 지적 대응 실패가 쌓여가고 있었지만, '우리에게는 고유한 것'이라는 주문을 반복하는 순간 그 모든 결함이 일시적으로 형해화되었다.

근대 조선 지식인들이 고유성을 말할 때, 그 말은 흔히 조선이 가진 '부족함'에 대한 불안의 반작용이었다. 외부 세계가 급변하고 일본과 중국이 다른 길을 택하는 상황에서, 조선은 스스로의 미완성을 인정하는 대신, 그 미완성을 '고유성'으로 전환하는 방식을 택했다. 고유한 문명, 고유한 도덕, 고유한 제도라는 언어는 일종의 심리적 자기위안이었다. 이 과정에서 조선이 실제로 직면해야 했던 구조적 과제, 즉 국가 재정의 피폐, 신분제의 경직, 기술 혁신의 부재, 관료제의 난맥은 배경으로 밀려났다.

이 점은 식민지 시기에도 이어졌다. 외부의 지배와 억압이 강해질수록 내부의 자존심을 지키기 위한 '고유성'의 힘은 더 강해졌다. 이때의 고유성 담론은 분명 이해 가능한 정서적 장치였다. 하지만 이해 가능하다는 것과 사실이라는 것은 전혀 다른 문제다. 고유성은 조선을 설명해 주는 사실적 서술이 아니라, 조선이 희망했지만 실제로는 가지지 못했던 어떤 이상적 자화상을 그리는 역할을 했다. 그 자화상이 강해질수록 현실적 문제는 더 잘 보이지 않았다.

문제는 해방 이후에도 이 언어가 거의 비판 없이 계승되었다는 점이다. 식민지 지배가 끝났음에도 조선의 고유성을 강조하는 담론은 오히려 확대되었다. 전통을 지켜야 한다는 명분은 강해졌고, 전통이 실제로 어떤 구조적 결함을 품고 있었는가를 따지는 성찰은 미뤄졌다. '조선의 고유성'이라는 말은 마치 과거에 존재했던 완전한 공동체를 복원해야 한다는 듯한 충동을 만들어냈고, 그 충동은 근대 이후의 많은 사회적 논쟁을 견인하는 힘이 되었다. 그러나 그 복원 욕구는 실제 조선의 실체와는 거의 관계가 없는 상상적 구성물 위에 놓여 있었다.

조선을 제대로 이해하려면 바로 이 지점을 해체해야 한다. 고유성을 강조하는 순간 분석은 멈춘다. 조선을 특별하게 만드는 말일수록 조선을 객관적으로 설명하기가 어렵다. 조선은 독자적이고 우월한 문화를 가진 공동체였다는 환상 아래에서 이해될 수 있는 존재가 아니다. 조선의 약점, 제도의 결함, 외부 변화에 불응했던 관성, 그리고 세계 질서 속에서 스스로를 위치시키지 못했던 지적 구조야말로 조선의 역사를 움직인 핵심 동인이다.

말하자면 조선학이 만들어낸 가장 큰 신화가 고유성이라면, 조선을 다시 이해하는 길은 이 신화를 벗겨내는 데서 출발한다. 고유성을 걷어내야 조선의 진짜 모습, 즉 취약했고, 정체되어 있었고, 그러나 변화를 향해 몸부림치기도 했던 그 복합적 사회가 드디어 윤곽을 드러낸다. 그때 비로소 조선의 역사는 현재를 설명할 수 있는 힘을 갖는다. 그 힘은 이상화가 아니라, 사실을 직면하는 용기에서 나온다.

7. 조선학의 확산과 정치적 활용

조선학은 처음부터 학술적 탐구만을 목적으로 출발한 개념이 아니었다. 실학 재해석, 민족정신의 창안, 고유성 담론 등이 결합되며 형성된 조선학은 곧 사회 전체로 빠르게 확산되었고, 이 과정에서 학문이라는 영역을 넘어 정치적 목적을 수행하는 강력한 도구가 되었다. 조선학은 지적 전통을 복원한다는 명목을 가졌지만, 실제로는 조선을 이상화하고 정치적 서사를 강화하기 위한 장치로 기능했다. 식민지 조선에서 조선학은 저항의 기제로 사용되었고, 해방 이후에는 정당성 확보의 수단으로 사용되었다. 이렇게 조선학은 시대에 따라 다른 목적을 수행하면서, 조선의 실제 모습을 이해하는 데 필요한 비판적 시각을 점점 더 약화시켰다.

조선학이 확산된 첫 번째 원인은 식민지 상황에서 대중적 정체성의 공백을 채우려는 욕구였다. 조선인의 일상은 제국의 통치 아래 철저히 재편되었고, 학교·언론·행정·군사·경제가 모두 일본의 지배 체제에 편입되었다. 이 과정에서 조선인들은 스스로의 정체성을 유지할 수 있는 기반을 잃어버렸고, 그 결핍이 심리적 불안을 야기했다. 조선학은 이 공백을 채우는 역할을 맡았다. 조선인의 정신적 뿌리를 강조하는 조선학 담론은, 현실의 무력감을 보상하는 심리적 안정 장치가 되었다. 이런 방식의 확산은 대중의 지지를 쉽게 확보할 수 있었고, 조선학은 단기간에 사회적 영향력을 강화했다.

두 번째 확산 요인은 지식인층의 정치적 전략이었다. 식민지 상황에서 지식인은 조선을 직접적으로 방어할 수 있는 정치적 힘을 갖고 있지 않았다. 그렇기 때문에 문화적 우위나 정신적 고유성을 강조하는 방식으로 '우리는 일본과 다르다'는 메시지를 만들어냈다. 이러한 메시지는 정치적 저항을 직접적으로 표출하는 방식보다 위험이 적었고, 제국 당국의 검열을 비교적 피할 수 있었다. 조선학은 정치적 억압을 우회하기 위한 전략적 언어였다. 그러나 이 전략은 조선의 문제를 솔직하게 드러내는 언어가 아니라, 조선을 이상화하여 스스로를 보호하는 언어였다.

세 번째 요소는 조선학이 지배층에게도 유용한 도구였다는 점이다. 조선의 지식인과 일부 사회 지도층은 오랜 시간 체제 유지 중심의 사고에 익숙했다. 조선학은 조선을 비판하는 것이 아니라 칭송하는 담론이었기 때문에, 지배층도 이 담론을 수용하는 데 부담이 없었다. 조선의 구조적 실패를 분석하는 담론은 지배층의 책임 문제를 불러올 수 있었지만, 조선학은 오히려 조선의 긍정적 요소를 부각하는 방향으로 전개되었다. 이는 지배층이 조선학을 환영(幻影)하게 만든 중요한 이유였다. 결국 조선학의 확산은 지식인뿐 아니라 조선 사회 상층부의 이해관계와도 맞아떨어졌다.

조선학의 정치적 활용은 식민지 말기에 더욱 노골적으로 나타났다. 조선학은 저항의 논리를 암시적으로 제공했다. 조선이 독자적 정신을 지닌 민족이라는 주장은, 일본의 동화 정책을 우회적으로 부정하는 효과를 가졌다. 조선학은 직접적인 정치운동 대신 문화적·상징적 저항을 수행했으며, 이는 식민지 현실에서 대중에게 쉽게 수용될 수 있는 형태였다. 문제는 이러한 조선학적 언어가 감정의 동원을 중심에 두었고, 조선의 실제 역사적 문제를 설명하지 않았다는 점이다. 조선학은 저항의 에너지를 조선 내부의 구조적 문제 분석으로 연결하지 않았다. 오히려 조선의 문제를 덮어버리는 방식으로 저항의 주제를 재구성했다.

해방 이후 조선학의 확산은 새로운 국면을 맞는다. 기존 조선학은 일본 제국을 부정하기 위한 목적을 가졌지만, 해방 이후에는 국가 정당성 구성의 도구가 되었다. 대한민국은 새롭게 국가를 세워야 했고, 이를 위해서는 공통된 역사 인식과 정체성이 필요했다. 조선학은 이에 적합한 논리를 제공했다. 조선의 정신문화를 강조하는 서사는 한국이 단절된 역사 속에서도 고유한 문명적 흐름을 유지해왔다는 주장을 가능하게 만들었다. 이러한 주장은 국가 정체성 확립에 유리했지만, 조선의 구조적 실패를 복기하는 작업을 지연시키는 결과를 낳았다.

특히 교육 현장에서 조선학은 정체성 교육의 중심 도구로 사용되었다. 교과서에는 조선의 전통적 가치, 고유한 문화, 공동체 중심의 윤리 등이 긍정적 언어로 서술되었고, 조선의 제도적 문제나 정치적 무능은 상대적으로 소홀히 다뤄졌다. 조선은 오랜 전통을 지닌 국가로 묘사되었고, 조선인의 우수한 정신문화가 한국 근대화의 밑거름이 되었다는 서사가 강조되었다. 교육을 통해 재생산된 조선학은 세대 간 전달되며 점차 사실처럼 굳어졌다. 조선의 구조적 약점에 대한 인식은 뒤로 밀려났고, 조선의 이상화된 이미지가 정체성의 핵심으로 자리 잡았다.

정치적 영역에서도 조선학은 정당성 확보의 유용한 언어였다. 특정 정치 세력은 조선의 전통을 존중하는 태도를 강조하며 자신을 '민족정통성의 계승자'로 포장했고, 다른 정치 세력은 조선의 자율적 공동체성을 강조하며 대중적 정서를 동원했다. 조선학은 다양한 정치적 목적에 따라 변형될 수 있는 유연성을 갖고 있었기 때문에, 여러 세력이 자신들의 이익을 위해 조선학의 개념을 차용했다. 이런 상황에서 조선학은 역사적 분석의 도구라기보다 선전의 도구에 가까운 역할을 했다.

조선학이 정치적으로 사용될수록, 조선에 대한 비판은 더욱 어려워졌다. 조선의 문제를 지적하는 일은 '전통을 공격한다'는 인식으로 이어졌고, 조선의 실패를 분석하는 연구는 종종 민족 정체성에 대한 위협으로 해석되었다. 특히 보수적 지식층에서는 조선학을 통해 조선의 정신적 위상을 강조하는 반면, 조선의 제도적 결함을 언급하는 것은 부적절하거나 심지어 금지된 논의처럼 여겨졌다. 이러한 분위기 속에서 조선의 근본적 문제를 거론하는 학문적 시도는 점점 위축되었다.

조선학의 확산이 가져온 가장 큰 문제는, 조선의 역사적 실체와 조선학이 묘사한 조선이 서로 완전히 다른 존재가 되었다는 점이다. 조선학은 조선을 정서적 상징으로 재구성했고, 그 상징이 사회적 인식의 중심을 차지하면서 실제 조선은 역사적 텍스트 속에서 점점 멀어졌다. 조선의 실패를 분석할 기회는 줄어들었고, 조선학이 창조한 조선만이 공공의 언어 속에서 재생산되었다. 이 현상은 한국 사회가 조선을 냉철한 시각에서 바라보지 못하게 만들었고, 과거의 문제를 교훈으로 삼을 기회를 차단했다.

결국 조선학의 확산과 정치적 활용은 역사적 기억을 선택적으로 구성하는 과정이었다. 조선의 장점은 과장되었고, 문제는 축소되거나 무시되었다. 조선학은 조선을 긍정적 상징으로 만들었지만, 그 상징은 조선의 실체를 이해하는 데 방해가 되었다. 정치적 목적이 역사 해석을 지배하는 순간, 학문은 현실을 분석하는 능력을 상실한다.

조선학을 극복하기 위해 필요한 것은 조선을 이상화하거나 부정하는 태도가 아니다. 조선학이 만들어낸 감정의 언어를 걷어내고, 조선을 제도와 구조, 경제와 정치, 사상과 현실의 차원에서 재검토하는 작업이 필요하다. 조선학은 조선의 문제를 감추었고, 그 감춤은 지금도 한국 사회의 역사 인식을 왜곡시킨다.

조선학의 유령에서 벗어나는 길은 명확하다. 조선을 위안의 대상으로 보지 않고, 분석의 대상으로 바라보는 것. 이 지점에서야 비로소 조선의 실패도 교훈이 되고, 조선의 가능성도 정직하게 평가될 수 있다.

8. 해방 후에도 사라지지 않은 조선학의 잔향

해방은 일본 제국의 지배가 끝난 사건이었지만, 조선학이 만들어낸 사고 방식이 단절된 순간은 아니었다. 오히려 조선학은 해방 이후 여러 형태로 변형되며 새로운 영역으로 확산되었다. 해방 전 조선학이 식민지 현실에서 자존감을 회복하기 위한 심리적 장치였다면, 해방 후의 조선학은 국가 정당성·민족 정체성·교육 정책·대중 문화 등 광범위한 영역에서 작동하는 일종의 사유 습관으로 굳어졌다. 이 잔향은 조선을 분석의 대상으로 보지 못하게 만들었고, 역사적 성찰을 감정적 위안으로 대체하는 구조를 고착시켰다.

조선학이 해방 후에도 지속된 첫 번째 이유는 해방이 곧 자기반성의 계기가 아니었기 때문이다. 해방 이후 한국 사회는 국가 건설·전쟁·경제재건 등 절박한 과제를 빠르게 해결해야 했다. 이런 환경에서 조선의 실패를 차분히 해부하고, 조선 사회의 구조적 문제를 분석하여 새로운 제도를 설계하는 작업은 뒷순위로 밀려났다. 그 공백을 채운 것이 해방 이전부터 존재하던 조선학적 사고였다. 조선학은 이미 대중에게 익숙한 언어였고, 조선의 긍정적 이미지를 중심으로 정체성을 구성하기 때문에 정치·사회적으로 활용하기도 쉽다. 이런 조건 속에서 조선학의 잔향은 자연스럽게 지속되었다.

두 번째 이유는 조선학이 국가 정체성의 토대처럼 사용되었다는 점이다. 새로 등장한 국가에는 국민을 묶어 세울 정신적 기반이 필요했다. 조선학은 역사적 사실을 단순화하고 조선을 긍정적 상징으로 재구성하는 방식 때문에 통합의 언어로 사용하기 적합했다. 조선의 고유한 정신문화, 전통의 계승, 민족의 연속성 같은 개념은 정치적 갈등을 누그러뜨리는 데 효과적이었다. 하지만 이러한 기능은 동시에 조선의 문제들을 분석에서 제거하는 결과를 낳았다. 조선학은 조선의 구조적 한계를 외면하게 만들었고, 조선의 실패에서 배워야 할 내용도 의제에서 빠지도록 했다.

세 번째 이유는 조선학이 교육 시스템 안에 깊숙이 침투했다는 사실이다. 해방 후 교과서는 조선을 민주적·도덕적·정통적인 공동체로 묘사하는 데 집중했고, 조선의 제도적 약점, 즉 파벌 정치, 신분제의 고착, 경제적 정체, 국제 감각의 부족은 상대적으로 소홀히 다뤄졌다. 조선은 '지켜야 할 전통' 또는 '민족의 뿌리'처럼 설명되었고, 조선의 구조적 문제를 지적하는 것은 '민족 멸시'로 간주되는 분위기가 형성되었다. 이런 서술 방식은 세대를 넘나들며 반복되었고, 결국 조선을 이상화하는 습관이 학습되었다. 교육을 통해 형성된 관념은 가장 오래 지속되는 법이다. 조선학의 잔향은 바로 이 교육적 구조에서 장기간 힘을 얻었다.

네 번째 이유는 정치 권력이 조선학의 언어를 적극적으로 활용했기 때문이다. 해방 이후 한국 사회는 이념적 분열이 심각했고, 서로 다른 정치 세력은 국가의 정통성을 주장하기 위해 조선의 과거를 선택적으로 사용했다. 조선의 전통을 강조하는 보수적 정치 세력은 조선학의 언어를 동원하여 자신을 '역사의 계승자'로 묘사했고, 조선의 공동체적 특성을 강조하는 진보적 세력은 조선학을 통해 '민중적 정당성'을 주장했다. 이렇게 조선학은 서로 다른 정치적 목적을 위해 활용할 수 있는 편리한 도구로 기능했다. 이 과정에서 조선의 현실적 문제는 더더욱 논의되지 못했다.

다섯 번째 이유는 대중문화가 조선학의 잔향을 재생산했다는 점이다. 영화, 드라마, 문학 등에서 조선은 종종 고결하고 선량한 공동체로 묘사되었다. 왕조 시대의 부정적 측면, 즉 부패, 파벌, 무능, 지역차별, 신분제 잔혹성보다는 아름다운 의복, 예절, 풍속, 장인정신 등이 강조되었다. 조선은 평화롭고 온화하며 공동체적 조화를 이룬 사회로 재현되었고, 대중은 이러한 이미지를 조선의 실체처럼 받아들이기 시작했다. 문제는 이 문화적 재현이 조선학의 프레임을 그대로 반복했다는 것이다. 조선은 실제보다 훨씬 매끄럽고 이상적 형태로 대중에게 주입되었다.

여섯 번째 요인은 학문적 영역에서 조선학의 영향력이 약화되지 않았다는 점이다. 해방 후 한국 역사학은 일본 학계의 식민사관을 극복하려는 과정에서 조선학적 관점을 일정 부분 수용했다. 식민사관이 조선을 폄하한 방식이 왜곡이었다면, 조선학이 조선을 미화한 방식 역시 왜곡이었지만, 두 가지 왜곡 중 조선학적 해석은 정치적으로 안전했다. 조선의 문제를 정면으로 비판하는 연구는 종종 '민족적 자긍심 훼손'으로 공격받았고, 이는 학문적 탐구를 제한하는 요인이 되었다. 이런 분위기 속에서 조선학적 서사는 오랫동안 학계에서도 강한 영향력을 발휘했다.

일곱 번째 이유는 조선의 실패가 해방 후에도 제대로 언어화되지 않았기 때문이다. 나라가 새로 만들어지는 과정에서 뜯어고쳐야 할 것은 제도만이 아니라, 과거에 대한 이해 방식이다. 그러나 조선의 붕괴 원인, 즉 제도의 경직성, 정치의 무능, 경제의 취약성, 국제 질서에 대한 무지는 제대로 분석되지 않았다. 이런 분석 부재는 조선학이 손쉽게 자리 잡을 공간을 넓혔다. 조선의 실패가 설명되지 않은 상태에서 조선의 미화는 정체성의 공백을 채우는 간단하고 효과적인 방식이었다. 하지만 그 효과는 단기적이었다. 장기적으로는 현실을 가리는 장막이 되었다.

여덟 번째 이유는 조선학이 한국인의 감정 구조와 결합했다는 점이다. 조선학은 단순한 학설이 아니라 감정적 위안을 제공하는 담론이었다. 조선학은 '우리는 본래 훌륭했지만 외부 힘 때문에 발전하지 못했다'는 간단한 설명을 제공했고, 이 설명은 복잡한 역사를 이해하기 어려워하는 대중에게 매력적이었다. 조선학은 책임을 외부로 돌리도록 유도했고, 내부 문제를 성찰하는 부담을 줄였다. 이런 정서적 기능이 조선학의 생명력을 연장했다.

아홉 번째 문제는 조선학이 미래 설계 능력을 약화시키는 결과를 낳았다는 점이다. 조선학적 관점은 조선의 긍정적 요소를 강조하며 전통을 중시하는 장점을 갖지만, 동시에 새로운 제도가 필요하다는 인식을 약화시키는 부작용을 낳았다. 조선의 문제를 제대로 진단해야만 새로운 제도를 설계할 수 있는데, 조선학은 그 진단을 흐리게 만들었다. 이는 한국 사회가 제도 개혁을 추진할 때마다 반복적으로 과거에 대한 정서적 저항에 부딪히는 현상으로 이어졌다. 조선학은 과거에 대한 미화를 현재의 구조적 문제까지 확장하는 방식으로 작용했다.

열 번째 문제는 조선학이 한국 사회에서 '정답처럼 작동하는 서사'를 만들었다는 사실이다. 조선을 긍정적으로 해석하는 방식이 오랫동안 반복되면서, 조선을 비판적으로 바라보는 시각은 주변화되었다. 이는 역사적 연구의 폭을 제한하고, 조선사의 복합성을 단순화하는 결과를 낳았다. 정답이 되었다는 것은 질문이 사라졌다는 의미다. 질문이 없는 역사 인식은 발전하기 어렵다. 조선학이 남긴 잔향이 한국 사회에서 문제를 직시하는 능력을 약화시킨 이유가 바로 여기에 있다.

결국 해방 후에도 조선학의 잔향이 사라지지 않은 이유는 단순하지 않다. 그것은 정치·교육·대중문화·학문·정서 구조가 서로 얽혀 만든 복합적 현상이다. 조선학은 조선을 이해하는 데 필요한 비판적 분석을 가리는 장치였고, 조선에 대한 근본적 재해석을 방해했다. 조선학은 일종의 사유의 자동화였다. 한 번 설정된 프레임이 지속적으로 재생산되며, 새로운 분석의 가능성을 제한했다.

조선을 제대로 이해하려면 먼저 조선학이 남긴 잔향을 걷어내야 한다. 조선을 위로나 정서적 보상의 대상으로 보지 말고, 문제를 가진 역사적 실체로 바라보는 순간 비로소 조선은 분석의 대상이 된다. 조선학의 언어를 벗어나야 조선의 실패를 정확히 설명할 수 있고, 미래의 제도 설계 역시 감정이 아니라 구조적 현실에 기반해 합리적으로 이루어질 수 있다. 겉으로는 과거를 해석하는 도구처럼 보였던 조선학은 사실 과거를 가리는 장막이었다. 그 장막을 거두는 순간에야 조선의 실제 모습이 드러나고, 우리는 조선이 왜 실패했는지, 무엇을 고쳐야 앞으로 나아갈 수 있는지를 비로소 정면으로 마주하게 된다.

9. 유령처럼 남은 조선학의 재생산 메커니즘

조선학은 한 시대의 지식인 몇 명이 만들어낸 사상적 산물처럼 보이지만, 실제로는 한국 사회 깊숙한 곳에서 지금도 살아 움직이는 일종의 지적 습관이다. 특정 학설이나 이론이 아니라, 과거를 보는 방식이 일정한 틀을 형성하고 이를 사회가 반복적으로 재생산하는 구조가 조선학의 실체다. 조선학은 한 번 만들어졌다는 이유만으로 지속된 것이 아니라, 여러 사회적·문화적·정치적 장치를 통해 끊임없이 재활성화되어 왔다. 그래서 조선학은 유령에 가깝다. 사라진 것처럼 보이지만 실체 없는 그림자처럼 계속 나타나고, 특정한 상황이 되면 더욱 선명하게 모습을 드러낸다.

조선학이 유령처럼 재생산되는 첫 번째 메커니즘은 '정체성 강화'라는 명목으로 반복되는 감정적 동원 구조다. 한국 사회는 주변 강대국과의 관계 속에서 정체성 불안을 자주 경험해 왔다. 지정학적으로도, 경제적으로도, 역사적으로도 자주 외부 압력에 노출되어 왔기 때문이다. 이런 상황에서 조선학이 제공하는 '우리는 오래된 민족이며 독자적 전통을 가진 존재'라는 메시지는 심리적으로 매력적이다. 위축된 자존감을 보완하는 데 즉각적인 효과를 주기 때문이다. 그런데 이 효과가 반복될수록, 조선학적 사고는 위기 때마다 자동적으로 호출되는 일종의 심리적 방어장치가 된다. 불안을 해소하기 위해 조선학을 호출하고, 조선학을 호출하니 비판적 사고는 약화되는 악순환이 형성된다.

두 번째 메커니즘은 지식 생산 구조에서의 관성이다. 대학과 연구 기관에서 조선을 이상적으로 묘사하는 서술은 오랫동안 주요 학설처럼 다뤄졌다. 조선의 문제를 과감하게 지적하는 연구는 종종 '식민사관과 유사하다'는 비난을 받았고, 학문적 평가에서도 소외되기 쉬웠다. 이에 비해 조선의 긍정적 측면을 강조하는 연구는 정체성 강화와 부합한다는 이유로 높은 평가를 받았다. 연구가 누적될수록, 그 연구가 또다시 다음 연구의 출발점이 되고, 반복되는 관점이 기존 학계의 암묵적 규범을 형성한다. 이런 방식으로 조선학적 관점은 연구자들 사이에서 '무난하고 안전한 선택'으로 자리 잡았다. 결과적으로 재생산은 자연스러워지고, 조선학적 담론은 학문의 이름으로 더욱 정교하게 다듬어진다.

세 번째 메커니즘은 교육 시스템의 구조적 반복성이다. 한 번 특정한 서술방식이 교과서에 채택되면, 이후 개정 과정에서도 크게 달라지기 어렵다. 교과서 집필자는 대개 학계의 주류 경향을 반영하고, 그 주류는 다시 교과서를 통해 사회 전체에 유포된다. 이 순환 구조가 지속되면서 조선학은 한 세대가 아니라 여러 세대를 거쳐 전승된다. 학생들은 질문보다 정답을 먼저 배우고, 조선의 문제점이나 제도적 한계를 탐구하기보다 조선의 긍정성을 강조하는 서술을 자연스럽게 내면화하게 된다. 이후 이 학생들이 성인이 되어 사회에 진출하면, 조선학은 일종의 문화적 상식이 되어 돌아온다. 교육은 단순한 지식 전달이 아니라, 특정한 역사 해석을 '상식'으로 만드는 가장 효과적인 장치다.

네 번째 메커니즘은 대중문화의 재현 방식이다. 드라마·영화·예능 프로그램에서 조선은 부드럽고 따뜻한 공동체로 묘사된다. 화려한 복식, 장인 정신, 아름다운 예법 같은 요소는 시각적으로 매력적이기 때문에 대중문화에서 자주 소비된다. 반면 조선 사회의 경직된 제도, 남성 중심의 권력 구조, 신분제의 모순 같은 요소는 시각적으로 매력적이지 않고 서사적으로도 복잡하기 때문에 선택적으로 제거된다. 이렇게 만들어진 조선의 이미지는 현실과 거리가 멀지만, 대중에게는 오히려 '실제 조선'보다 더 선명하게 기억된다. 이 과정에서 조선학적 정서, 즉 조선은 특별했고, 조선은 공동체 중심이었으며, 조선은 도덕적 사회였다는 환상은 더욱 강화된다.

다섯 번째 메커니즘은 정치적 동원력이다. 조선학적 담론은 정치 세력이 특정 메시지를 전달할 때 매우 유용한 도구가 된다. '전통의 계승', '민족의 정통성', '우리의 길' 같은 표어들은 복잡한 정책을 설명하지 않고도 국민의 감정을 움직일 수 있다. 조선학은 이러한 동원에 적합한 언어적 자원을 제공한다. 조선을 긍정적으로 해석하는 방식은 현실 문제에 대한 불만을 과거의 긍정적 이미지로 전환시키고, 정치의 실패를 전통의 명분으로 감싸는 효과를 낳는다. 정치적 목적이 조선학을 재활성화하고, 재활성화된 조선학은 또 다시 대중을 감정적으로 동원하는 방식으로 기능한다.

여섯 번째 메커니즘은 자기 정당화의 논리다. 조선학은 '우리는 원래 훌륭했지만 외부의 침략 때문에 발전하지 못했다'는 구조로 서술되는 경우가 많다. 이는 문제의 원인을 내부가 아니라 외부로 돌리는 방식이다. 외부 요인만을 강조하면, 조선 내부의 제도적 결함이나 구조적 취약성은 자연스럽게 논의에서 빠진다. 이렇게 되면 조선의 실패를 교훈으로 삼는 기회가 사라지고, 한국 사회는 스스로의 문제를 분석하는 능력을 잃게 된다. 조선학은 실패의 원인을 남에게 돌리는 데 특별히 강한 효과를 갖고 있기 때문에, 사회는 반복적으로 조선학적 사고로 회귀하게 된다.

일곱 번째 메커니즘은 대안을 만드는 능력의 부족에서 비롯된다. 조선학을 대체하려면 조선에 대한 냉철한 분석이 가능해야 하고, 이를 바탕으로 새로운 역사 서사를 구성해야 한다. 그러나 조선의 구조적 문제를 분석하는 연구는 미미했고, 한국 사회는 오랫동안 조선 비판을 금기처럼 다뤄왔다. 조선학의 영향이 강한 사회에서는 조선에 대한 비판적 서술이 불편한 진실을 드러내는 것으로 받아들여지고, 그런 진실을 언급하는 연구자나 지식인은 종종 사회적 공격에 노출된다. 이로 인해 조선학을 대체할 서사가 성장하기 어렵다. 대안 부재는 기존 서사를 더욱 강하게 만들고, 강해진 서사는 또다시 새로운 세대에게 재생산된다.

여덟 번째 메커니즘은 정서 중심의 역사 소비 방식이다. 한국 사회에서 역사는 종종 지적 탐구의 대상이 아니라 감정적 위안의 대상이 된다. 조선을 위로의 대상으로 바라보는 정서는 조선학의 영향력을 강화한다. 사람들은 조선의 문제를 이해하기보다 조선이 주는 정서적 안정감에 더 끌린다. 특히 조선학적 서사는 '우리는 특별한 민족'이라는 감정을 강화하는 데 용이하다. 감정은 논리보다 강력하게 작용하기 때문에, 이런 감정적 역사 소비 방식은 조선학을 자동적으로 재생산한다.

아홉 번째 메커니즘은 사회적 교환 체계이다. 조선학적 언어를 사용하면 사회적 비난을 덜 받는다. 반대로 조선을 비판적으로 다루면 정치적 오해·이미지 손상·사회적 저항에 직면할 가능성이 높다. 이런 환경은 조선학을 사용하는 것이 '안전한 선택'이 되고, 조선학을 벗어난 사고는 '위험한 선택'이 되는 구조를 만든다. 사회적 보상과 처벌 체계가 조선학의 재생산을 촉진하는 것이다.

열 번째 메커니즘은 기억 장치의 자동화다. 조선학은 단지 과거를 기억하는 방식이 아니라, 과거를 해석하는 자동화된 틀이다. 조선과 관련한 사건을 접하면, 사람들은 복잡한 역사적 맥락을 살피기보다 조선학이 제공하는 단순한 프레임으로 이해하는 경향을 보인다. '조선은 도덕적이었다', '조선은 공동체 중심이었다', '조선은 외압에 희생되었다' 같은 문장은 설명을 제공하기보다 설명을 차단한다. 자동화된 기억 장치는 생각을 멈추게 하고, 질문을 억누른다. 그러므로 조선학은 단순히 반복된다는 이유로 유지되는 것이 아니라, 사고 체계 그 자체로 자리 잡아 고착된다.

이처럼 조선학의 재생산 메커니즘은 다층적이고 구조적이다. 감정 동원, 지식 생산, 교육, 정치, 대중문화, 사회적 보상 체계가 서로 얽혀 조선학을 강화하고, 강화된 조선학은 다시 사회 여러 영역에 깊이 스며든다. 이러한 재생산 구조가 지속되는 한, 조선학은 사라지지 않는다. 그것은 시대를 초월해 변화하는 사회적 조건 속에서 새로운 형태로 변장하고 나타나는 일종의 지적 유령이다.

조선학을 극복하기 위해 필요한 것은 단순한 비판이나 부정이 아니라, 조선학이 왜 반복적으로 재생산되는지, 어떤 구조적 장치가 그것을 가능하게 만드는지를 차분히 해부하는 일이다. 조선학이 주는 위안과 안정감 뒤에는 조선의 실체를 흐릿하게 만드는 장막이 놓여 있으며, 이 장막을 걷어내지 못하면 조선을 이해하는 길도, 한국 사회가 미래를 설계하는 길도 함께 봉

쇄된다. 유령처럼 남아 현재까지 작동하는 조선학은 이미 낡은 과거의 문제가 아니라 지금 우리의 사고와 정책을 제약하는 현실의 문제이며, 이 유령을 걷어낼 때 비로소 조선은 감정의 대상이 아닌 역사적 실체로 돌아오고, 우리는 조선에서 무엇을 배우고 무엇을 버려야 하는지 분명하게 판단할 수 있게 된다.

10. 조선학의 유령이 남긴 그림자

조선학은 한 시대의 산물로 끝난 것이 아니었다. 조선학은 이미 해체된 왕조의 유산을 복원하기 위한 학문처럼 보이지만, 실제로는 그보다 훨씬 거대한 기능을 수행했다. 조선학은 조선을 설명하는 도구이기보다 조선을 감추는 장치, 조선을 평가하는 언어라기보다 조선을 미화하는 필터였다. 그래서 조선학은 끝난 적이 없고, 시대를 지나며 형태를 바꾸었을 뿐 계속 작동해 왔다. 결론에서 다뤄야 하는 주제는 바로 이것이다. 조선학이라는 유령이 한국 사회에 어떤 그림자를 드리웠는지, 그 그림자가 지금도 어떻게 사고와 제도를 제한하고 있는지, 그로 인해 조선이라는 과거를 제대로 이해할 기회를 어떻게 잃어 왔는지의 문제다.

조선학의 가장 큰 그림자는 조선의 실패를 분석할 기회를 영구적으로 차단했다는 점이다. 역사가 제 기능을 하려면 과거를 낱낱이 해부하고, 그 과정에서 드러나는 문제의 원인을 파악해야 한다. 그러나 조선학은 조선을 비판할 언어를 허용하지 않았다. 조선은 도덕적 국가였고, 조선은 공동체적 사회였고, 조선은 순수한 정신 문명을 지녔다는 식의 서술은 조선의 결함을 논의할 여지를 소멸시켰다. 정치의 무능, 경제 구조의 취약함, 제도의 경직성, 외교적 감각 부족이라는 조선의 실제 문제들은 감정 동원형 서사에 의해 묻혀버렸다. 조선학이 만들어낸 이미지가 너무 강력했기 때문이다. 조선학은 과거를 아름답게 만들었지만, 바로 그 아름다움이 조선을 이해할 수 있는 통로를 차단했다.

두 번째 그림자는 문제의 원인을 외부로 돌리는 사고방식의 고착화다. 조선학적 사고에서는 조선의 쇠퇴가 조선 내부 문제 때문이라고 말하는 순간 비난의 대상이 된다. 조선의 실패를 내부적 원인으로 설명하려는 시도는 '민족 멸시'로 간주되었다. 그 대신 외부 요인, 즉 침략, 개입, 간섭이 강조되었다. 이렇게 되면 한국 사회는 스스로의 약점을 성찰할 기회를 잃어버린다. 조선학이 강해질수록 한국 사회는 내부 문제를 직면하지 못하게 되고, 그 결과 제도 개혁이나 사회 진단의 깊이도 얕아진다. 조선학은 '책임의 이동'을 구조화했다. 책임은 언제나 외부에 있었고, 내부의 실패는 침묵되었다. 이렇게 형성된 정신적 구조는 지금도 여러 분야에서 재현된다.

세 번째 그림자는 정치적 동원에서 감정이 논리를 압도하는 현상이다. 조선학은 본래 저항의 언어였지만, 해방 이후에는 정당성을 주장하기 위한 정치적 자원이 되었다. 조선을 긍정적으로 재해석한 조선학은 정치 세력이 자신들의 정책 실패나 제도적 문제를 감추는 데 유용한 도구가 되었다. 전통을 계승한다는 명목 아래 비판을 억누르고, 조선의 이상적 이미지를 정치적 상징으로 활용하는 일이 반복되었다. 이러한 감정 동원 방식은 정책의 질을 떨어뜨리고, 사회적 논의를 정서적 프레임에 가둬버린다. 조선학은 감정을 결집시키는 데 뛰어났지만, 감정의 결집은 사고의 확장을 막는 요인이 되었다.

네 번째 그림자는 학문적 자유와 비판적 탐구의 위축이다. 조선학이 사회적 규범처럼 작동한 환경에서는 조선에 대한 비판이 학술적 연구로 취급되지 않았다. 조선의 구조적 문제를 분석하면 불편한 시선이 따라붙었고, 연구자들은 주류 학계의 분위기를 고려할 수밖에 없었다. 조선학과 거리를 두는 연구는 쉽게 '비애국적'이라는 프레임이 덧씌워졌다. 이런 상황에서 학문은 과거를 탐구하기보다, 과거를 미화하는 데 동원되었다. 조선학이 강해질수록 학계는 다양성을 잃었다. 하나의 서사만 재생산되었고, 서로 다른 관점은 배제되었다. 결국 학문은 조선을 설명하는 능력을 상실했다.

다섯 번째 그림자는 교육을 통해 조선학이 장기적으로 내면화되었다는 점이다. 조선에 대한 긍정적 이미지가 교과서에 반복적으로 등장하면서, 조선의 실제 구조적 문제는 새로운 세대에게 전달되지 않았다. 조선의 정치적 한계는 '도덕적 이상'으로 치환되었고, 경제적 정체는 '소박한 윤리경제'로 해석되었으며, 신분제는 '전통적 질서'로 변형되었다. 이 방식은 조선학을 단순한 지식이 아니라 사고의 배경으로 만들어버렸다. 학생들은 조선을 비판적 대상으로 보지 않게 되었고, 조선은 정서적 대상으로 자리 잡았다. 이렇게 형성된 사고 틀은 성인이 되어서도 쉽게 바뀌지 않는다.

여섯 번째 그림자는 대중문화가 조선학적 판타지를 강화하는 과정이다. 역사 드라마, 사극 영화, 예능 프로그램에서 재현되는 조선은 사실보다 훨씬 매끄럽고 정돈된 사회다. 조선의 정치 혼란, 제도적 부패, 파벌 경쟁, 지역 차별 같은 실제 모순은 거의 다루어지지 않는다. 그 대신 시각적으로 아름답고 정서적으로 감동을 주는 요소가 강조된다. 조선학은 대중문화 속에서 감성적 이미지로 재탄생하고, 그 이미지는 사람들의 기억 속에 사실처럼 자리 잡는다. 대중문화의 재현은 조선학의 감정적 매력을 강화하고, 그 강화는 다시 조선학 재생산의 원동력이 된다.

일곱 번째 그림자는 정책 설계와 제도 형성에서 나타나는 관성이다. 조선을 지나치게 이상화하는 사고방식은 현재의 제도적 문제를 제대로 바라보는 능력을 약화시킨다. 과거의 전통을 무비판적으로 계승하려는 태도는 새로운 제도의 필요성을 희석시키고, 변화를 주저하게 만든다. 조선학의 영향력이 강한 사회에서는 '원래부터 우리는 이런 방식이었다'는 설명이 자주 등장하며, 이는 제도 혁신을 어렵게 만든다. 조선학은 전통이라는 이름 아래 구조적 변화를 가로막는 요인이 된다.

여덟 번째 그림자는 집단적 자기 인식의 왜곡이다. 조선학은 조선을 도덕적 사회, 공동체적 사회, 고유성을 지닌 사회로 묘사했다. 그러나 실제 조선은 제도적 불평등, 지역 격차, 정치적 분열이 심각한 사회였다. 조선학이 만들어낸 이미지는 현실과 거리가 멀었고, 이 괴리는 한국 사회가 자신을 이해하는 방식을 왜곡했다. 조선학적 정체성은 상처를 치유하는 데는 도움이 되었지만, 현실을 이해하는 데는 장애물이 되었다. 자기 인식이 왜곡되면, 문제 해결의 방향도 왜곡된다. 조선학의 그림자는 이 자기 인식의 혼란 속에서 더욱 짙어진다.

아홉 번째 그림자는 조선에 대한 비판적 질문 자체가 소멸된 점이다. 조선학적 사고가 강해질수록 조선을 문제로 보는 시각은 주변화되고, 질문하는 기능이 약화된다. 질문이 사라진 역사 인식은 정체된다. 조선학은 조선을 이해하는 새로운 질문을 억눌렀고, 그 억눌림은 지금까지 이어지고 있다. 조선을 다시 질문하는 일은 조선학의 장막을 걷어내는 일이며, 이 장막이 두터운 만큼 질문은 더 어렵다.

열 번째 그림자는 조선을 연구하는 방식 자체가 제한되었다는 점이다. 조선학은 조선의 문제를 분석하려는 연구 방향을 '부정적' 혹은 '비역사적'으로 규정하며 도리어 배척했다. 조선의 제도적 실패를 대해 밝히는 연구는 종종 공적 비난에 노출되었고, 조선의 긍정적 측면을 확장하는 연구는 손쉽게 인정받았다. 이 구조에서 조선학은 스스로를 강화하는 자가증식적 구조를 만들었다. 문제를 숨기고 장점을 과장하는 방식이 반복되면서 조선학은 더욱 견고해졌고, 이는 다시 한국 사회의 역사 인식을 규정하는 힘이 되었다.

결국 조선학의 유령이 남긴 가장 큰 그림자는 '조선을 있는 그대로 볼 수 없는 사회'를 만들어버렸다는 사실이다. 조선학은 조선의 실체를 분명하게 보지 못하게 만들었고, 그로 인해 조선의 실패를 교훈으로 삼는 능력도 약화시켰다. 조선학의 장막이 짙을수록 조선은 현실에서 멀어지고, 조선은 감정적 상징으로만 남게 된다. 이 상징은 때때로 위안을 주지만, 위안은 현실을 해결하지 못한다.

조선학의 유령을 극복하는 길은 조선을 더 이상 감정의 대상으로 보지 않고 분석의 대상으로 전환하는 데서 시작된다. 조선의 약점을 적나라하게 논의하고 제도적 실패를 숨김없이 드러내며, 조선학이 만들어낸 긍정적 이미지에 기대지 않은 채 냉정한 현실 분석을 통해 조선을 다시 읽어야 한다. 그렇게 이미지의 껍질을 벗겨낼 때 비로소 조선은 실제 역사적 실체로 돌아오며, 조선학의 길고 무거운 그림자 역시 구조를 해체하는 순간 유령처럼 물러난다. 그때 조선은 신화나 정서의 대상이 아니라 역사라는 이름 아래 다시 살아나며, 우리가 무엇을 받아들이고 무엇을 버려야 하는지 판단할 수 있는 토대가 마련된다.

3장
실학의 둔갑술

1. 조선 후기 사유 체계의 재해석, 혹은 재조립

　조선 후기가 남긴 사상적 유산은 단순히 몇몇 인물의 사상이나 저술에 국한되지 않는다. 조선 후기에 출현한 사유 체계는 오랜 시간 동안 정체된 사회 구조와 긴장된 국제 정세, 그리고 내부적 갈등 속에서 생겨난 복합적인 산물이었다. 그러나 해방 이후 이 사유 체계는 실제보다 훨씬 체계적이고 진보적이었다는 인상을 갖게 재해석되었고, 심지어 '근대의 씨앗'으로까지 포장되었다. 이 재해석 과정 자체가 하나의 역사적 사건이며, 그 과정의 중심에는 실학이라는 개념이 있다.

　문제는 조선 후기의 사유 체계가 실제로는 통일적이거나 일관된 개혁 사상으로 존재한 적이 없었다는 점이다. 실학은 특정한 학파도 아니었고, 통합된 철학적 체계도 아니었으며, 근대화를 지향하는 운동은 더욱 아니었다. 오히려 그 시대의 사유는 지역·신분·정치적 이해관계에 따라 이질적이었고, 서로 다른 방향에서 산발적으로 나타난 문제의식이었다. 그런데 해방 이후 이 파편적 사유는 '실학'이라는 이름 아래 재조립되었다. 이 과정에서 조선 후기 사유의 불균질성은 사라지고, 실학은 하나의 통일적 흐름처럼 구성되었다.

　이 재조립 과정은 단순한 학술 해석의 문제가 아니라, 조선에 대한 정체성 욕망과 긴밀하게 연결되어 있었다. 조선의 근대화 실패를 설명하는 대신 조선 내부에서 근대적 요소를 발견해내고 이를 강조하려는 욕구가 강했기 때문이다. 실학은 조선이 일본이나 서구에 비해 뒤처진 것이 아니라, 내부적으로도 이미 변화의 움직임을 지닌 사회였다는 증거로 사용되었다. 그러나 이런 서술은 사실 확인보다는 위안의 기능을 수행했다. 실학이라는 이름이 감정 구조를 자극하기 시작한 것이다.

조선 후기 사유 체계를 재해석하는 과정에서 나타난 대표적 특징은 맥락의 제거다. 특정 사상가가 왜 그런 문제의식을 갖게 되었는지, 그가 속한 신분적 조건이 어떤 제약을 만들었는지, 그의 사상이 실제 제도 변화로 이어질 수 있었는지는 거의 고려되지 않았다. 그 대신 실학자는 '현실 개혁을 주장한 진보적 지식인'이라는 이미지를 중심으로 이해되었다. 이것은 실학자의 사상적 한계와 구조적 제약을 감추는 방식이었다.

특히 조선 후기 사유 체계는 실학자 개인의 의지나 재능보다 조선의 제도적 구조가 허용한 범위 안에서만 움직일 수 있었다는 점이 중요하다. 조선의 제도는 인정 체제, 신분 구조, 문치주의적 관료제라는 삼중의 고착된 장치로 구성되어 있었다. 이 구조에서는 사회경제적 변동을 촉진하는 제도 혁신이 일어날 공간이 거의 없었다. 실학자는 이 구조 안에서만 사고할 수 있었고, 그가 어떤 개혁안을 제시하더라도 제도적 실행력은 극히 미약했다. 따라서 실학을 조선 후기 사회가 가진 '근대적 잠재성'으로 읽는 방식은 제도의 현실을 무시한 해석이다.

또한 조선 후기 사유 체계를 재해석하는 작업에서 반복된 또 다른 문제는 조선 후기 사회의 구조적 위기와 실학의 관련성을 과장한 점이다. 실학은 조선 후기 사회가 봉착한 현실적 위기, 즉 토지 집중, 농민 빈곤, 화폐 유통의 불균형, 상업 활동의 불안정에 대해 나름의 해법을 제시하려 했지만, 그 해법들은 대부분 제도적 제약을 벗어나지 못하는 수준이었다. 실학자들은 종종 개선책을 제시했지만, 그 개선책은 기존 질서를 유지하는 범위 내에서 조정하는 방식이었지 체제 자체를 재구성하는 수준은 아니었다. 이런 한계는 실학을 근대적 사상으로 포장한 후대의 해석과 근본적으로 충돌한다.

조선 후기 사유 체계를 이해할 때 반드시 고려해야 할 요소는 사유의 이중성이다. 조선 후기의 사유는 부패한 현실을 비판하는 내용을 담고 있으면서도, 그 비판의 근거는 기존 유교 질서의 '정상적 작동'을 회복하자는 것이었다. 즉 실학은 유교 질서를 넘어서기 위한 사상이 아니라, 그 질서를 바로잡기 위한 보수적 개혁론이었다. 이 점을 무시하고 실학을 근대적 개혁 사상으로 재해석하는 것은 실학자들의 실제 문제의식을 왜곡하는 결과를 낳는다.

해방 이후 실학이 재조립되는 과정에서 나타난 또 다른 특징은 실학의 개별 사례가 과도하게 일반화되었다는 점이다. 박지원의 북학론, 박제가의 상업 중시론, 정약용의 제도 비판 등은 각기 다른 맥락에서 등장했다. 그들은 서로의 문제의식도 완전히 동일하지 않았고, 제시한 대책도 다층적이었다. 그러나 이런 차이는 무시되었고, 실학은 하나의 '진보적 학문 전통'으로 포장되었다. 이는 실학에 대한 집단적 환상을 강화하는 방향으로 작동했다.

이러한 재조립의 배경에는 해방 이후 한국 사회가 겪은 정체성적 압박이 존재한다. 근대화 실패에서 비롯된 열등감, 식민지 경험에서 비롯된 상처, 국제 질서에서 느껴지는 긴장감 등이 복합적으로 작용하며, 조선 내부에서 근대의 흔적을 찾으려는 심리가 강화되었다. 실학은 그 심리에 가장 적합한 재료였다. 실학이 강조하는 현실 비판과 제도 개혁이라는 테마는 한국인이 갖고 싶었던 '근대적 자아상'과 잘 맞아떨어졌다.

그러나 실학을 이렇게 포장하는 방식은 조선 후기 사유 체계의 실체를 흐렸다. 실학은 조선 후기 사회에서 나타난 수많은 사상적 흐름 중 일부에 불과했으며, 그것도 매우 제한적인 영향력을 갖고 있었다. 실학을 근대적 사상으로 재해석하는 것은 조선의 구조적 한계를 숨기고, 조선이 원래부터 근대화 잠재력을 갖고 있었다는 식의 환상을 조장했다. 이런 환상은 조선을 분석하는 데 필요한 냉정함을 앗아가고, 현실적 과제에서 눈을 돌리게 만들었다.

조선 후기 사유 체계를 제대로 이해하려면, 실학을 '근대의 씨앗'이라는 틀에서 벗어나 조선의 구조적 한계를 드러내는 사상으로 읽어야 한다. 실학은 조선 후기 사회가 벼랑 끝에 서 있음을 보여주는 증거였다. 제도적 경직성, 신분 질서의 고착, 경제 구조의 불균형, 국제 감각 부족이라는 조선의 문제는 실학자들의 사유 속에서 그대로 반영되었다. 실학은 조선이 더 이상 지속될 수 없다는 현실적 경고였으며, 그 자체로 조선의 한계를 드러내는 텍스트였다.

그러므로 실학은 조선을 미화하기 위한 근거가 아니라 조선의 취약함을 분석하기 위한 자료로 읽어야 한다. 실학을 근대의 시작으로 포장하는 대신, 실학을 조선 후기 사회의 위기를 드러내는 사유로 재해석하는 것이 필요하다. 조선 후기 사유 체계는 조선이 스스로 변화하기 어려운 구조를 갖고 있었음을 보여주는 역사적 증거이며, 이 증거를 정확하게 읽을 때 비로소 조선의 실체가 드러난다.

결국 조선 후기 사유 체계를 재조립하는 일은 조선에 대한 정직한 이해를 가로막는 장치였다. 실학을 둔갑시키는 방식을 넘어, 실학이 등장할 수밖에 없었던 구조적 배경을 직시해야 한다. 그 배경을 읽어내면 조선의 문제는 추상적 개념이 아니라 현실적 구조로 다가오게 되고, 조선을 역사적 사실로 이해할 수 있는 길이 열린다.

2. 실학에서 자본주의 맹아론으로

실학은 해방 이후 단순한 사상적 전통을 넘어 '조선에도 근대의 씨앗이 존재했다'는 주장을 뒷받침하는 증거로 활용되었다. 특히 1960~80년대에 본격적으로 등장한 자본주의 맹아론은 실학을 근대 경제의 출발점으로 재해석하는 데 핵심적 역할을 했다. 이 맹아론은 조선 내부에 자본주의적 요소가 이미 싹트고 있었으며, 외부의 침탈만 없었다면 조선이 스스로 근대적 경제 체제를 구축했을 것이라는 주장이다. 그러나 이 서술은 조선 후기 경제 구조와 제도의 실체를 지나치게 단순화하고, 실학이 지닌 한계를 근거 없이 확장한 해석이었다.

자본주의 맹아론이 근거한 핵심 논리는 다음과 같은 세 단계로 구성된다.
첫째, 조선 후기 상업적 교환이 증가했고 시장이 확대되었다.
둘째, 일부 지역에서 상품 생산이 늘고 기술 변화가 나타났다.
셋째, 실학자들의 경제 개혁론은 자본주의적 요소와 통한다고 해석된다.

이 세 요소는 겉으로 보면 조선 후기 변화의 증거처럼 보이지만, 각각을 세밀하게 분석하면 조선의 제도적 한계가 오히려 더욱 선명하게 드러난다. 조선 후기 경제 활동의 확산이 자본주의적 축적 구조로 이어졌다는 해석은 조선의 현실을 정확히 설명하기보다 조선을 근대화 실패에서 구하기 위한 일종의 미화 작업에 가까웠다.
첫 번째 문제는 조선 후기의 시장 확대가 자본주의적 축적을 가능하게 했는지에 대한 과장된 해석이다. 조선 후기 시장 규모가 커진 것은 사실이지만, 그 시장은 정치·사회·경제 제약을 극복하지 못한 매우 제한된 형태였다. 조선의 경제 체제는 기본적으로 농업 생산을 중심에 두었고, 토지 소유 구조는 양반층의 집약적 지배 아래 움직였다. 농민은 생산 증가를 통해 자본을 축적할 수 없었고, 상인 또한 신분적 규제로 인해 자율적인 시장 활동을 펼치기 어려웠다. 조선의 시장 확대는 단순한 교환 증가에 불과했지, 자본주의적 생산 관계를 형성할 수 있는 구조가 아니었다.
두 번째 문제는 실학자의 경제 개혁론이 조선 경제를 근본적으로 전환할 수 있는 힘을 지녔는지에 대한 과도한 기대다. 실학자들은 조선 경제의 문제를 의식하고 다양한 개선책을 제시했지만, 그 제안들은 대부분 기존 질서를 유지한 채 효율성을 높이는 수준에 머물렀다. 예를 들어 박지원과 박제가의 상업 활성화론은 조선의 상업 구조가 근본적으로 개편될 수 있다는 기대를 담았지만, 이 사상은 양반 중심 체제에서 실행력을 갖지 못했다. 정약용의 제도 개혁론 역시 기존 유교 질서의 틀을 벗어나지 못했고, 토지 제도의 근본적 개혁을 실현할 정치적 기반도 갖추지 못했다. 따라서 실학자들이 자본주의적 사고를 가졌다는 해석은 상당 부분 후대의 투사에 불과하다.

　세 번째 문제는 조선 후기 경제가 자본주의 생산 양식으로 발전할 수 있는 제도적 조건을 전혀 갖추지 못했다는 사실이다. 자본주의는 단순히 시장 활동의 증가로 성립하지 않는다. 사유 재산의 명확한 법적 보장, 노동력의 자유로운 이동, 금융 제도의 발달, 계약 체계의 안정 등이 반드시 필요하다. 그러나 조선은 이 모든 요소에서 심각한 제약을 지니고 있었다. 신분제가 노동 이동을 제약했고, 토지 소유권은 사회적 네트워크나 권력 관계에 종속되었으며, 금융 활동은 사적 전당포나 일부 상인의 비공식적 거래에 의존했다. 이런 조건에서 자본주의가 싹틀 가능성을 논하는 것은 구조적 현실을 무시한 주장이다.

　네 번째 문제는 조선 후기의 생산 관계가 자본주의적 축적 구조와 충돌했다는 점이다. 자본주의 생산은 이윤을 극대화하고 자본을 재투자하는 순환 구조를 필요로 한다. 그러나 조선은 양반층의 경제적 이해가 토지 지배를 통해 안정적인 수취 구조를 유지하는 데 집중되었고, 경제 활동을 확대하려는 동기 자체가 약했다. 조선의 지배층은 자본 축적이 아니라 지위 유지에 관심을 가졌고, 경제적 위험을 감수하며 생산을 확장하는 것은 사회적으로도 지지받지 못했다. 심지어 중상주의적 활동을 조장한 일부 실학자들조차 신분제의 한계를 인정하고 그 구조 안에서 제안을 조정해야 했다. 이런 상황에서 자본주의적 질서가 형성될 가능성은 매우 낮았다.

다섯 번째 문제는 자본주의 맹아론이 조선의 쇠퇴 원인을 흐리는 방식으로 작동했다는 점이다. 조선 후기의 경제적 변화는 구조적 위기에 대한 반응이었지, 새로운 단계로 넘어가는 진화의 결과가 아니었다. 물가 상승, 토지 집중, 농민 몰락, 세금 부담의 심화, 기술 침체와 같은 문제는 조선 경제가 한계에 도달했음을 보여주는 지표였다. 그런데 이러한 위기 신호가 자본주의의 '잠재적 기회'로 읽히기 시작하면서, 조선의 위기를 진단해야 할 분석은 왜곡되었다. 실학이 위기 진단의 언어로 기능했다면, 자본주의 맹아론은 이 언어를 '성장의 잠재력'이라는 미화된 형태로 바꾸어버렸다.

자본주의 맹아론이 가지는 가장 큰 문제는 바로 이 지점이다. 조선은 왜 자본주의로 가지 못했는가라는 질문이 사라지고, '사실은 갈 수 있었다'는 전혀 다른 질문이 들어왔다는 것이다. 질문이 바뀌는 순간, 역사 해석의 방향도 급격히 변화한다. 조선이 근대화하지 못한 이유, 즉 제도의 경직성, 정치의 무능, 경제 구조의 폐쇄성, 신분제에 기초한 노동 통제는 더 이상 분석의 중심이 되지 않고, 오히려 조선의 잠재력을 과장하는 해석들이 중심에 자리하게 된다. 그 결과 조선의 문제는 정확히 드러나지 않고, 문제를 가리는 화려한 포장만 강화된다.

여섯 번째 문제는 자본주의 맹아론이 조선 후기 사유 체계를 실체 이상으로 확대시켰다는 점이다. 실학자들은 조선의 구조적 문제를 정확히 인식하려 했고, 일부는 상업 활성화나 기술 도입의 필요성을 강조했다. 그러나 이 사상은 사회 전체를 움직일 만한 정치적 기반을 갖지 못했다. 실학을 중심으로 조선에 근대적 사유가 축적되었다는 해석은, 구조적 힘의 부재를 무시한 채 사상가 개인의 문제의식을 조선 전체의 의지처럼 과장한 것이다. 실학의 확산이 곧 조선의 변화를 의미하지 않으며, 실학의 존재가 곧 자본주의 가능성을 뜻하지도 않는다.

일곱 번째 문제는 자본주의 맹아론이 조선과 일본의 근대화 경로를 잘못

비교하도록 만들었다는 점이다. 조선학적 관점과 결합된 맹아론은 조선이 일본보다 뒤처진 이유가 구조적 차이가 아니라 외부적 요인 때문이라는 인식을 강화했다. 이는 조선의 내부 문제를 보지 못하게 만들고, 조선 스스로 갖고 있던 한계를 상대화하는 방식으로 작동했다. 일본의 근대화는 에도 후기의 경제 변화뿐 아니라 강력한 중앙 통치력, 군사적 동원 능력, 제도 개혁의 과감함, 국제 질서에 대한 적극적 대응 등이 결합한 결과였다. 조선은 이 모든 조건에서 취약했다. 맹아론은 이 취약함을 가리는 도구가 되었고, 조선과 일본의 차이를 분석하는 데 필요한 구조적 틀을 약화시켰다.

여덟 번째 문제는 자본주의 맹아론이 해방 이후 국가주의적 경제 서사와 결합했다는 점이다. 한국 경제가 고도성장기에 접어들면서, '우리는 원래 잘할 수 있는 민족이었다'는 서사가 강화되었다. 이 서사는 조선 후기 경제 활동 증가를 자본주의의 씨앗처럼 해석했고, 실학자의 담론을 경제 발전의 정신적 기원처럼 포장했다. 이는 경제 성장의 공을 과거에 돌리는 방식으로 작동했고, 조선의 구조적 약점을 분석해야 할 지점을 감정적 자긍심으로 대체했다.

결론적으로 자본주의 맹아론은 조선 후기 경제 구조의 현실을 분석하기보다 조선을 근대화 가능성이 있었던 국가로 보이게 만드는 장치였다. 이는 학문적 성취가 아니라 심리적 위안의 산물에 가까웠다. 실학이 조선 후기 사회의 한계를 드러내는 사상이었다면, 자본주의 맹아론은 그 한계를 덮는 담론이었다.

조선을 정확히 이해하기 위해 필요한 질문은 '조선은 왜 실패했는가'이지, '조선은 어떻게 성공할 수도 있었는가'가 아니다. 전자가 역사 분석이라면, 후자는 위안의 서사다. 실학에서 자본주의 맹아론으로 이어진 해석의 연속은 조선의 실체를 해명하는 데 도움이 되지 않았다. 오히려 조선을 다시 신화의 중심으로 끌어올리는 데 기여했다.

3. '조선에도 근대가 있었다'는 자기 위로

　해방 이후 한국 사회는 조선을 바라보는 시각을 둘로 나누는 경계선 위에서 있었다. 하나는 조선이 근대에 실패했다는 냉정한 해석이고, 다른 하나는 조선 내부에도 근대의 징후가 있었다는 위안의 주장이다. 시간이 흐를수록 후자의 목소리는 더욱 힘을 얻었다. '조선에도 근대가 있었다'는 주장은 조선이 본래부터 뒤처진 나라가 아니었으며, 외부 영향만 없었다면 조선도 자연스레 근대로 진입했을 것이라는 메시지를 담았다. 이 메시지는 학술적으로 정교해 보였지만, 실제로는 복합적 심리의 산물이었고, 구조적 분석보다는 정서적 안정을 제공하는 데 더 가까웠다.

　이 담론이 힘을 얻은 이유는 조선이 근대적 역량을 갖추지 못했다는 결론은 식민지 경험·전쟁·냉전이라는 고통스러운 현실과 맞물리며, 지나치게 비참하게 들렸기 때문이다. 반면 조선이 근대의 가능성을 충분히 갖고 있었다는 주장은 자존감을 지키기 위해 꼭 필요한 서사처럼 받아들여졌다. 문제는 이 서사가 조선의 실제 구조와 얼마나 부합하는가이다. 조선을 근대적 가능성의 관점에서 해석하는 일은 매력적이지만, 그 매력은 실제 조선의 모습을 왜곡하는 방식으로 작동하는 경우가 많았다.

　'조선에도 근대가 있었다'는 서사는 기본적으로 사상·경제·사회 구조에서 선택된 일부 사례만을 확대하는 방식으로 전개되었다. 조선 후기의 사상가 몇 명이 남긴 문제의식, 일부 지역에서 나타난 상업적 활력, 제한된 기술 변화 등이 조선이 스스로 근대화를 이룰 수 있었던 근거로 제시되었다. 그러나 이런 사례들은 그 시대 전체를 설명하기에는 지나치게 부분적이고 예외적이었다. 실제 조선의 권력 구조, 제도적 경직성, 신분제의 고착, 국제 질서에 대한 무감각 같은 요인들은 근대적 변화의 싹이 자랄 수 없도록 만드는 더 거대한 힘이었다.

근대가 무엇인지 먼저 분명히 해야 한다. 근대는 단순히 경제 활동이 증가하고 사유재산이 존재하며 학문적 호기심이 생겼다는 의미가 아니다. 근대는 제도를 바꾸고 사회 구조를 전환시키는 거대한 재편 과정이다. 이는 국가 조직, 법률 체계, 시장 구조, 과학기술 수용 방식, 계급 관계 등 전 영역이 재구성되는 변화다. 몇몇 사상가의 아이디어나 일부 상업 활동이 있었다고 해서 근대적 질서가 싹틀 수 있다고 말하는 것은 지나친 비약이다.

그럼에도 '조선에도 근대가 있었다'는 서사가 사회적 영향력을 갖게 된 데에는 심리적 동력이 존재한다. 이 서사는 조선의 문제를 구조적으로 해부하는 대신, 조선을 위로하는 역할을 맡았다. 조선 후기의 상업 변화나 기술 확산은 변동의 조짐이었지만, 그것이 제도적 혁신이나 권력 구조의 변화로 이어질 가능성은 극도로 낮았다. 그러나 위안의 서사는 이런 한계를 건너뛰고, 변동의 흔적만을 근대의 씨앗이라고 불렀다. 이 방식은 사실을 설명하기보다 기대를 조립하는 방식에 가까웠다.

이 서사의 핵심 문제는 조선의 제도적 현실을 철저히 무시한다는 점이다. 조선의 정치는 파벌 중심적이었고, 제도 개혁은 사상적 논의로 머물렀으며, 실제 실행력은 지극히 낮았다. 조선 후기 사상가들이 새로운 정책을 제안했다고 해서, 그 제안이 근대적 의미를 가진다고 평가하는 것은 역사적 맥락을 벗어난 해석이다. 조선의 국가 구조는 군사 동원력·재정 기반·행정 시스템 어느 영역에서도 근대적 전환을 감당할 체질이 아니었다. 병력은 안정적으로 유지되지 않았고, 조세는 파탄 상태였으며, 관료제는 문치주의에 갇혀 유연성을 잃었다. 이런 구조에서 근대화가 이루어질 가능성은 극히 낮았다.

또한 조선의 사회 구조 역시 근대적 변화를 가로막는 장치였다. 신분이 노동 이동을 차단했고, 양반의 경제적 권력은 생산 구조를 억눌렀으며, 기술

자와 상인의 사회적 지위는 근대적 축적을 가로막았다. 근대적 경제는 단순히 상업 활동이 존재한다고 해서 형성되지 않는다. 근대 경제는 노동력의 이동 자유, 계약 관계의 안정, 법적 권리의 보호, 자본 축적의 가능성 같은 요소가 결합해야 형성된다. 조선은 이 모든 영역에서 제약을 갖고 있었고, 이는 근대의 '가능성'을 상상하기 어려운 구조였다.

그럼에도 '조선에도 근대가 있었다'는 서사는 학계뿐 아니라 대중 담론에서도 매력적인 언어가 되었다. 왜냐하면 이 서사는 조선을 열등한 국가가 아니라 잠재력을 가진 국가로 재해석하는 방식이기 때문이다. 조선의 잠재력을 강조하는 서사는 조선의 현실을 마주하는 데 필요한 불편함을 줄이고, 고통스러운 역사적 경험을 완화하는 효과를 주었다. 또한 이 서사는 국가주의적 관점과도 결합하기 쉬워, 자긍심을 강화하는 기능을 수행했다. 그러나 이 기능은 조선의 문제를 해결하거나 분석하는 데 아무런 도움을 주지 않았다.

이 서사의 또 다른 한계는 근대화의 성공과 실패를 지나치게 단순화한다는 점이다. 근대화는 어느 한 요소가 등장한다고 곧바로 이루어지는 것이 아니다. 일본의 경우, 전통적 사회 구조에서 보기 드문 강력한 중앙집권 체제, 일정 수준의 문해율, 지역 간 경제 네트워크의 형성, 번정 개혁에서 비롯된 행정 경험 등이 결합하여 메이지 유신이라는 거대한 전환을 가능하게 했다. 반면 조선은 이러한 요소 대부분이 결여되어 있었다. 조선이 일본과 유사한 경로를 통해 근대로 이동할 수 있었을 것이라는 가정은 역사적 조건을 무시한 추론이다.

이 서사의 심리적 기원은 패배의 경험을 극복하려는 욕망이다. 식민지 지배와 20세기 초의 국제 질서 속에서 한국은 외부의 압력을 지속적으로 경험했고, 이 상황에서 조선이 스스로 근대화할 수 있었을 것이라는 내러티브는 일종의 정신적 방패가 되었다. 그러나 방패는 상처를 보호하는 데는 도움이 되지만, 상처의 원인을 설명하지는 않는다. 조선이 왜 실패했는지를 분석하지 않는 한, 조선의 실패는 반복될 수 있다.

'조선에도 근대가 있었다'는 서사는 힘이 있었지만, 그 힘은 조선을 분석하기 위한 힘이 아니었다. 오히려 조선을 미화하는 데 사용되는 경우가 많았다. 조선의 근대를 지나치게 강조하면, 조선의 구조적 한계가 희미해지고, 조선이 극복하지 못한 문제들이 마치 문제조차 아니었던 것처럼 보이게 된다. 이는 역사적 성찰을 가로막는 방식이다.

조선을 정확히 이해하기 위해 필요한 것은 조선의 잠재력을 확대하는 작업이 아니라 조선의 한계를 직시하는 일이다. 근대의 가능성을 조선에 투사하는 대신, 조선이 왜 근대에 이르지 못했는지, 조선의 어떤 구조가 변화의 에너지를 흡수해버렸는지를 분석해야 한다. 이 분석이 있어야만 조선의 실패가 의미를 갖고, 그 실패를 통해 앞으로의 제도적 방향을 모색할 수 있다.

'조선에도 근대가 있었다'는 서사는 조선에 대한 이해를 넓히기보다 오히려 좁히는 역할을 했다. 조선이 갖지 못했던 것을 갖고 있었다고 말하는 순간, 분석은 신화가 되고, 조선은 또 하나의 이상적 상징으로 변모한다. 실학에서 자본주의 맹아론으로 이어지던 서사처럼, 이 위안의 서사 역시 조선을 현실에서 멀어지게 만들 뿐이다.

조선을 제대로 이해하고자 한다면, 위안을 제공하는 해석이 아니라 불편함을 직면하게 하는 분석이 필요하다. 조선의 근대가 아니라 조선의 한계를 보아야, 비로소 역사적 교훈이 생긴다.

4. 자생적 근대성이라는 달콤한 마취제

해방 이후 한국 사회는 조선이라는 과거를 어떻게 이해할 것인가를 두고 깊고 길게 흔들렸다. 조선은 멸망했고, 일본의 식민지가 되었으며, 전쟁과 분단을 겪은 뒤에야 대한민국이라는 새로운 국가가 세워졌다. 이 과정에서 조선은 단순한 역사적 대상이 아니라, 민족심리의 중심에 놓인 문제적 존재가 되었다. 조선은 실패한 국가였는가, 아니면 외세에 의해 좌절된 잠재력의 나라였는가. 이 질문을 둘러싼 논쟁 속에서 등장한 개념이 바로 '자생적 근대성'이다.

자생적 근대성이라는 말은 조선이 서구나 일본 같은 외부의 충격 없이도 스스로 근대화를 향해 나아갈 수 있었다는 주장이다. 이 주장은 조선의 내부에 이미 새로운 시대를 향한 힘이 준비되어 있었으며, 그 힘이 외부의 침탈 때문에 실현되지 못했다는 식으로 구성된다. 겉으로 보기엔 역사에 대한 균형적 관점처럼 보이고, 민족 자긍심과도 잘 맞아떨어지기 때문에 널리 확산되었다. 그러나 이 개념은 사실 조선의 현실을 면밀히 해석한 결과라기보다, 조선의 실패를 정면으로 인정하는 데서 오는 불편함을 피하기 위해 만들어진 정서적 서사에 가깝다.

이 담론이 사상적 설득력을 갖기 시작한 배경에는 식민지 지배가 남긴 상처가 있다. 식민사관은 조선이 원래 무능했고 발전 의지가 없는 사회였다고 규정했다. 이 서술은 조선을 심각하게 왜곡했지만, 동시에 조선의 내부 문제를 직시하려는 시도까지 모두 차단해버렸다. 식민사관의 반대편에 선 한국 지식인은 조선을 '무능한 사회가 아니었다'는 방식으로 되살리고자 했고, 그 과정에서 등장한 개념이 바로 자생적 근대성이었다. 이것은 식민사관을 비판하는 듯 보이지만, 실제로는 조선에 대한 비판적 분석을 회피하는 새로운 방식의 미화를 만들었다.

자생적 근대성 담론이 가진 구조적 문제 중 첫 번째는 '변화의 징후'를 '체제 전환의 능력'과 동일시했다는 점이다. 조선 후기에는 분명 변화가 있었다. 시장 거래가 늘었고, 지방 상업이 활기를 띠었으며, 농촌의 일부에서는 상품 작물 생산이 확산되었다. 지식인 가운데에서는 생산과 유통을 중시한 논의나 기술 개량의 필요성을 언급한 주장도 나타났다. 그러나 이것은 조선이 근대화를 향해 나아가고 있었다는 증거가 아니라, 오랜 정체 인력이 더는 유지될 수 없다는 신호였다. 즉 변화는 존재했으나, 그 변화가 근대를 향한 동력인지, 아니면 붕괴 직전의 불안정인지 구분해야 한다. 자생적 근대성 담론은 이 중요한 차이를 의도적으로 넘어가 버린다.

두 번째 문제는 조선이 근대로 진입할 수 없었던 제도적 장애물을 정면으로 다루지 않았다는 점이다. 조선의 정치 체제는 문관 중심의 관료제였으나, 실제 운영은 파벌 경쟁에 의해 마비되었다. 파벌 간 대립은 정책 추진을 가로막았고, 국정은 장기적인 비전보다는 단기적 세력 균형에 따라 흔들렸다. 조선의 재정은 국가를 유지하기조차 빠듯했고, 국방 체제는 붕괴 직전이었으며, 기술 개발과 과학 진흥은 정치적 우선순위에서 밀려났다. 이런 구조에서 자생적 근대화를 논하는 것은 현실을 무시한 주장이다. 조선의 제도는 변화의 에너지를 흡수해버리는 블랙홀과 같은 구조였고, 새로운 제도의 도입을 촉진하기보다는 억제하는 방향으로 작동했다.

세 번째 문제는 신분제의 강고함이다. 근대는 인적 자원의 이동과 자유를 필요로 한다. 그러나 조선의 신분제는 노동 이동을 근본적으로 제한했고, 양반·중인·평민·천민 사이의 사회적 경계는 거의 넘을 수 없었다. 양반층은 경제적 활동보다 사회적 지위를 유지하는 데 더 큰 가치를 두었다. 생산 활동의 중심이 되는 농민과 상인은 제도적 영향력을 얻을 수 없었고, 기술자는 천시되었다. 이런 조건에서 경제적 축적과 기술 혁신이 일어날 가능성은 매우 낮았다. 자생적 근대성 담론은 이런 사회 구조를 거의 언급하지 않거나, 신분제가 이미 약화되고 있었다는 근거 없는 해석을 덧붙인다. 그러나 신분제는 조선 후기에도 완강하게 유지되었고, 근대적 전환을 구조적으로 가로막는 장애물이었다.

네 번째 문제는 국가의 대응 능력 부족이다. 근대 국가의 조건 중 하나는 위기 상황에서 제도를 개혁하고 사회를 재편할 능력이다. 그러나 조선은 위기에 대응할 능력이 거의 없었다. 외교 구조는 명·청 중심의 단일 외교 질서에 갇혀 있었고, 국제 정세 변화에 대한 감각은 극히 둔했다. 일본이 개항을 통해 군사력과 산업 기반을 다져가던 시기에 조선은 여전히 '성리학적 세계관'을 국가 운영의 핵심 틀로 유지하고 있었다. 외교적 선택지를 확장하거나 새로운 기술을 적극 수용하는 전략이 거의 존재하지 않았다. 이런 상황에서 자생적 근대를 논하는 것은 현실적 근거가 없는 추론이다.

다섯 번째 문제는 근대화의 본질에 대한 오해다. 자생적 근대성은 근대화를 자연적 진화 과정으로 상정한다. 즉 전통사회가 시간이 지나면 시장이 발전하고, 지식이 누적되며, 기술이 향상되면서 어느 순간 근대로 이동할 것이라는 가정이다. 그러나 근대화는 자연발생적 과정이 아니라, 정치적 폭력과 제도적 격변이 결합된 급격한 재편이다. 독점적 권력을 재구성하는 과정, 사회 집단 간 이해관계를 재정렬하는 과정, 법·군대·교육·재정이 모두 다시 설계되는 과정을 포함한다. 조선은 이러한 재편을 감당할 정치적 능력·경제적 자원·사회적 유연성 모두를 갖추지 못했다. 조선은 '진화'를 통해서 근대화할 수 있는 사회가 아니었다.

여섯 번째 문제는 자생적 근대성 담론이 조선의 실패 원인을 흐린다는 점이다. 조선은 붕괴 직전까지 개혁의 움직임을 제대로 만들어내지 못했고, 내부적 문제를 해결할 능력도 없었다. 그러나 자생적 근대성은 이러한 실패를 '잠재력의 좌절'로 바꾸어버린다. 실패를 실패로 인정하지 않는 태도는 조선을 분석하는 데 필요한 비판적 도구를 무디게 만든다. 조선의 실패가 외부 요인 때문이라고 해석하게 되면, 조선 내부의 구조적 결함은 문제로 인식되지 않는다. 그 결과, 조선의 실패가 반복될 위험을 제대로 인식할 수 없게 된다.

일곱 번째 문제는 정치적 남용 가능성이다. 자생적 근대성은 국가주의적 서사와 특히 잘 결합한다. '우리는 원래부터 훌륭했다', '근대화를 스스로 준비했다', '외세 때문에 못 된 것뿐이다'라는 메시지는 대중에게 빠르게 확산되며 정치적 에너지가 된다. 이 담론은 비판보다 위안을 제공하기 때문에 누구나 손쉽게 활용할 수 있다. 그러나 위안을 제공하는 언어는 대개 분석을 방해한다. 조선의 실패를 정확히 이해하지 못하는 사회는 미래의 실패를 예방하기 어려워진다.

여덟 번째 문제는 학술적 해석의 불균형이다. 실학이나 상업 활동 같은 사례는 지나치게 확대 해석되는 반면, 조선을 근대와 멀어지게 만든 거대한 구조적 제약은 축소되거나 언급되지 않는다. 실학을 근대 사상의 출발점으로 해석하는 방식, 상업 발달을 자본주의 성장의 증거로 읽는 방식, 기술 변화의 미세한 흔적을 체제 전환의 가능성으로 연결하는 방식, 이 모든 것들이 조선의 실질적 능력을 정확히 평가하지 못하게 만든다.

요약하면 자생적 근대성은 역사적 사실을 설명하는 이론이 아니라, 조선을 향한 심리적 기대가 만들어낸 서사에 가깝다. 이 개념은 조선을 분석하기 위해 고안된 도구가 아니라, 조선을 위로하기 위해 만들어진 이야기였다. 조선을 정확히 파악하려면 이 마취제를 벗겨내야 한다. 조선은 근대에 실패한 국가였고, 그 실패의 핵심 원인은 외부가 아니라 내부 구조에 있었다. 제도적 경직성, 신분제의 장벽, 정치의 무능, 경제의 취약성, 국제 질서 변화에 대한 둔감함이 겹치며 조선은 근대적 전환의 문턱을 넘지 못했다.

자생적 근대성 담론은 조선을 미화하지만, 미화는 현실의 윤곽을 흐리고 정확한 진단을 가로막는다. 조선의 가능성을 억지로 찾는 대신 조선의 한계를 정직하게 규명해야만 그 실패가 교훈으로 전환된다. 그럴 때 조선의 역사는 패배의 기록이 아니라, 미래를 설계하기 위한 냉정한 지적 자산이 된다.

5. 국가주의 시대가 '실학'을 차용한 방식

　해방 이후 한국 사회가 국가 건설이라는 거대한 과제를 수행하는 동안, 조선이라는 과거는 단순한 역사적 시제가 아니라 오늘의 정당성을 구성하는 기반으로 동원되었다. 과거를 어떻게 정리하느냐가 국가의 성격을 규정하는 일이 되었고, 새로운 체제는 자신에게 유리한 의미를 과거에서 찾으려 했다. 이 과정에서 국가주의가 선택한 가장 편리한 도구 중 하나가 바로 실학이었다. 실학은 원래 조선 후기에 나타난 다양한 학술적 움직임의 총칭에 불과했지만, 국가주의 시대에 들어오면서 완전히 새로운 얼굴로 재탄생했다. 실학은 더 이상 조선 후기의 사유 방식이 아니라, 대한민국이라는 국가가 원하는 '전통 속의 근대성'을 상징하는 신화적 기호가 되었다.

　국가주의 시대가 실학을 차용할 수 있었던 이유는 두 가지다. 하나는 실학이 본래 지닌 모호함 때문이다. 실학은 특정 학파나 교리를 가리키는 개념이 아니라, 기존의 경학 중심 사상에 문제를 제기한 인물들을 느슨하게 묶은 용어였다. 정치 개혁을 주장한 사람도, 농업 기술을 보완한 인물도, 외국 지식을 소개한 사람도 모두 실학자로 불렸다. 이런 모호함은 국가가 필요할 때마다 해석을 덧씌우기 좋은 조건이었다. 국가주의 시대는 이 모호함을 적극적으로 이용해 실학을 '조선의 자생적 근대 사상'으로 포장했다. 두 번째 이유는 실학이 조선 내부에 존재했던 '변화의 흔적'을 상징한다는 점이다. 국가주의는 이 흔적을 과장해 조선의 잠재력을 강조하는 데 사용했다.

　그러나 실학을 그와 같은 방식으로 차용하는 일은 조선의 실제 모습을 왜곡하는 결과를 낳았다. 실학은 조선 체제 내부에서 주변적 사상에 가까웠고, 실제 정치 운영이나 제도 개혁에 직접적인 영향을 주지 못했다. 실학이 주장한 새로운 경제 정책이나 외국 기술 도입은 대부분 실행되지 않았으며, 그 사유는 체제의 한계를 근본적으로 극복할 수 있는 구조를 갖추지 못했다. 실학을 국가주의적 목적에 맞추어 재구성하는 일은 실학의 실제 영향력을 과대평가하고, 조선 체제의 경직성을 애써 덮는 방식으로 작동했다.

국가주의가 실학을 이용한 방식 중 가장 대표적인 것은 실학을 근대화의 기원으로 설정하는 전략이다. 국가주의 시대의 지식 체계는 대한민국의 근대화를 전통적 맥락 속에서 설명해야 한다는 압박을 받았다. 근대를 전부 외부에서 들여온 것이라고 말하면, 한국의 역사적 정통성이 약해지는 문제가 발생하기 때문이다. 그래서 국가주의는 실학을 '조선 내부에서 성장하던 근대적 사상'이라고 규정하며, 대한민국의 산업화·근대화 성취를 '전통적 기반 위에서 얻게 된 자연적 결과'로 설명하려 했다. 이 과정에서 실학은 마치 조선 후기가 근대로 진입하기 직전의 풍요로운 지적 토양이었던 것처럼 묘사되었다.

하지만 실학은 그러한 역할을 감당할 수 있는 성질의 사상이 아니었다. 실학은 체제 비판적 요소를 갖고 있었지만, 그 비판은 구조 개혁보다는 성리학적 틀 안에서 부분적 조정을 요구하는 수준에 머물렀다. 조선의 국가 제도, 신분 구조, 군사 체제, 재정 구조 같은 핵심 영역에 대한 근본적 재구성을 제안한 실학은 거의 없었다. 그럼에도 국가주의 시대의 학문과 교육은 실학을 '미완의 개혁 사상'으로 해석했고, 이를 통해 조선이 근대화할 수 있었던 나라였다는 인상을 심어주었다.

이 과정에서 실학은 '전통 속의 진보성'이라는 상징 자원으로 활용되었다. 대한민국의 근대화는 박정희식 산업화 모델을 중심으로 빠르게 이루어졌지만, 그 성취를 정당화하기 위해서는 전통과의 단절이 아니라 연속이 강조될 필요가 있었다. 실학은 그 연결고리 역할을 맡았다. 실학의 어떤 부분이 산업화와 연관되는지 구체적으로 설명되지 않아도 상관없었다. 중요한 것은 실학을 국가가 원하는 방식으로 배치하는 일이었다. 실학은 실제보다 훨씬 더 체계화되어 소개되었고, 실학자의 사상은 국가주의적 해석을 통해 '근대화의 선구자'로 변모했다.

이러한 해석은 결국 조선의 문제를 흐리는 결과를 낳았다. 실학을 과장하는 순간, 조선 후기의 구조적 경직성은 상대적으로 가벼운 문제처럼 보인다. 신분제의 고착, 관료 정치의 비효율, 재정 기반의 파탄, 외교 감각의 부재 같은 구조적 결함은 실학이라는 '희망의 요소'에 의해 희석된다. 국가주의 시대는 조선의 실패를 설명하고자 했던 것이 아니라, 조선의 실패를 대한민국의 성공 서사 안에서 재배치하고자 했다. 조선은 실패한 체제가 아니라, '근대를 앞두고 좌절된 가능성의 나라'라는 이미지로 재탄생했다. 이 변화는 실학을 근대적 씨앗으로 규정한 국가주의적 해석을 통해 가능했다.

또한 실학을 국가주의적으로 해석한 방식은 학술적 진실보다 정치적 목적이 우선하는 구조를 드러낸다. 실학은 특정 시대의 사상사적 흐름이지만, 국가주의는 이를 정치적 자원으로 재가공했다. 실학자들의 다양한 주장과 개별적 배경은 하나의 '근대화 씨앗'이라는 서사로 통합되었다. 실학자들의 차이점은 사라졌고, 그들의 사유가 조선의 체제 안에서 어떤 제약을 받았는지도 지워졌다. 오히려 실학은 조선이 스스로 근대를 준비하고 있었다는 상징적 증거로 기능했다.

국가주의적 실학 해석이 가지는 구조적 문제는 이 서사가 조선에 대한 정직한 평가를 방해한다는 데 있다. 조선은 근대에 실패한 사회였고, 그 실패는 우연이 아니라 구조적 필연이었다. 그러나 실학을 과장하는 순간, 조선은 실패한 사회가 아니라, 실학이라는 진보적 사상을 이용하지 못한 아쉬운 사회로 묘사된다. 이런 해석은 조선의 실패를 제도적·구조적 원인에서 찾기보다, 사상적 활용 부족이라는 이상한 방향으로 돌린다. 이는 역사 진단을 방해하고, 조선의 문제를 정확하게 이해하는 일을 어렵게 만든다.

국가주의 시대의 실학 차용 방식은 또한 대중의 역사 인식을 단순화시켰다. 복잡한 구조 문제를 논의하는 대신, 실학자 몇 명이 남긴 문장을 반복적으로 인용하며 '조선도 근대화할 수 있었다'는 식의 단순한 메시지를 전달했다. 이 과정에서 조선 후기가 가진 구조적 불능은 사라지고, 조선의 잠재력만 부각되었다. 이는 역사 인식을 왜곡하며, 조선의 실패에서 얻어야 할 교훈을 차단하는 역할을 했다.

실학의 국가주의적 재해석은 결국 조선을 현실의 역사에서 떼어내어 감정의 대상으로 만드는 과정이었다. 조선은 더 이상 분석할 대상이 아니라, 자긍심을 보완하는 상징으로 기능했다. 실학은 이 상징의 핵심 기호가 되었고, 전통과 근대를 이어주는 상징 자원으로 자리 잡았다. 그러나 이 상징적 역할은 조선의 실체를 이해하는 데 조금도 도움이 되지 않는다. 오히려 조선의 구조적 문제를 흐리고, 잘못된 역사 인식을 강화하는 기능을 수행한다.

조선을 올바르게 이해하려면 실학의 실제 영향력을 과장하는 관행을 멈춰야 한다. 실학은 조선 후기의 사상적 다양성을 보여주는 중요한 요소지만, 이를 근대화의 기원으로 해석하는 것은 역사적 사실을 벗어난 정치적 조작이다. 국가주의 시대가 실학을 차용한 방식은 조선을 위로하고 국가를 정당화하는 데는 유용했지만, 조선의 실패를 분석하는 데는 전혀 도움이 되지 않았다.

결국 실학을 어떻게 해석하느냐는 조선을 어떻게 이해할 것이냐와 직결된다. 실학을 과도하게 높이면 조선의 문제는 축소되고, 조선의 실패는 오해된다. 실학을 있는 그대로 보아야 조선이 왜 근대에 실패했는지를 정확히 이해할 수 있다. 조선을 이해하는 핵심은 잠재력을 과장하는 것이 아니라 한계를 직시하는 데 있다. 실학의 신화적 재구성은 이 직시를 방해하는 가장 강력한 요소 중 하나다.

국가주의 시대가 실학을 차용한 방식은 전통을 미화하고 실패를 희석시키는 과정이었다. 이제는 실학을 신화에서 꺼내어, 조선이라는 사회가 가진 구조적 문제와 함께 다시 분석해야 한다. 그래야만 조선의 실패를 정확히 이해하고, 그 실패를 되풀이하지 않을 수 있다.

6. 실학의 정치적 변용과 학문적 오용

실학은 조선 후기의 한정된 지적 흐름이었지만, 해방 이후 한국 사회에서는 전혀 다른 의미를 부여받으며 새롭게 재탄생했다. 원래의 실학은 체제 내부에서 작동한 작은 균열에 가까운 움직임이었고, 조선의 구조적 결함을 극복할 힘을 갖추지 못했다. 그럼에도 이후 시대는 실학을 '근대적 전통', '개혁 정신의 뿌리', '민족적 자생성의 증거'로 포장하며 정치적 목적에 따라 재배치했다. 이 재배치 과정은 실학의 실제 내용을 충실히 이해하려는 시도와는 거리가 멀다. 오히려 실학은 시대가 필요로 하는 메시지를 전달하기 위해 선택적으로 왜곡된 기호가 되었고, 그 왜곡은 조선 이해를 흐리는 또 다른 신화를 낳았다.

실학이 정치적으로 변용될 수 있었던 첫 번째 조건은 실학의 의미적 유연성이었다. 실학은 분명 조선 후기의 중요한 지적 흐름이지만, 그 범위와 성격이 지나치게 넓고 다층적이다. 경학 중심의 사상에 비판을 제기한 인물도, 농업 기술을 연구한 학자도, 군사 개혁을 주장한 인물도 모두 실학자로 묶였다. 이처럼 느슨한 개념은 시대가 선호하는 방식으로 해석되기 쉽다. 해방 이후의 정치적 환경에서 실학은 본래보다 훨씬 더 확장된 개념으로 재구성되었고, 그 재구성 과정에서 실학은 '조선판 근대의 싹'이라는 상징적 지위를 부여받았다.

실학이 정치적 도구로 기능한 두 번째 이유는 국가 정당성의 문제다. 대한 민국은 식민 지배를 극복하고 새로운 국가를 세워야 했다. 이를 위해 과거의 전통을 부정할 수도, 그대로 수용할 수도 없는 복잡한 상황을 마주했다. 조선의 전통은 성리학 중심 체제 때문에 근대적 효율성과는 거리가 있었지만, 국가 정통성을 전혀 과거와 연결하지 않을 수도 없는 일이었다. 이 모순된 상황에서 가장 유용한 매개물이 바로 실학이었다. 실학은 전통과 근대를 모두 담아낼 수 있다고 여겨졌고, 이는 국가 체제가 자신을 '전통을 계승하면서도 근대적 성취를 이룩한 체제'로 포장하는 데 큰 도움이 되었다.

이 정치적 필요 때문에 실학은 본래보다 훨씬 더 과감한 의미로 해석되었다. 예를 들어 정약용의 경세론은 마치 자본주의적 경제 체제의 원형인 것처럼 소개되었고, 박제가의 상공업 진흥론은 근대 산업 정책의 기초로 해석되었다. 그러나 이 해석은 조선 후기의 제도적 현실과는 전혀 맞지 않는다. 실학자들의 주장은 대부분 현실 정치에 반영되지 못했고, 그들이 비판한 구조적 문제가 제대로 해결된 적도 없다. 그럼에도 실학이 근대적 사상의 전조로 제시되는 이유는, 조선을 긍정적으로 재해석하려는 정치적 욕망 때문이다.

실학의 오용은 학문적 영역에서도 깊숙이 들어왔다. 특히 1960~70년대의 학계에서는 실학을 조선 후기의 대표적 사상으로 규정하며, 이를 통해 조선을 '근대적 잠재력을 지닌 사회'로 묘사하려는 움직임이 강했다. 이는 조선이 근대적 전환에 실패한 이유를 외부 요인에 돌리고, 내부의 구조적 문제는 상대적으로 축소하는 방식으로 작동했다. 실학은 조선이 변화 가능성을 갖고 있었다는 해석을 강화하는 도구가 되었고, 이 해석은 조선의 실패를 정면으로 분석하는 데 필요한 비판적 접근을 약화시켰다.

실학의 학문적 오용은 여기서 끝나지 않는다. 실학은 점차 조선 후기의 모든 긍정적 요소를 상징하는 기호로 변모했고, 이 과정에서 실학은 조선 체제 자체의 문제를 가리는 '은폐 장치' 역할까지 하게 되었다. 신분제의 경직성, 관료제의 무능, 재정의 빈약함, 기술 혁신의 부재 같은 구조적 결함은 실학이라는 '희망의 서사'에 가려졌다. 실학을 강조하는 방식은 조선의 문제를 해결하기 위한 성찰이 아니라, 조선을 변호하기 위한 도구처럼 변해버렸다.

이런 왜곡은 학문적 의도라기보다 심리적·정치적 욕망이 학문을 끌어당긴 결과라고 보아야 한다. 한국 사회는 해방 이후 정체성을 재구축해야 했고, 그 과정에서 조선의 긍정적 측면을 부각시키려는 심리가 작동했다. 실학은 그 심리를 충족시키는 아주 좋은 재료였다. 실학을 이용하면 조선이 완전히 실패한 체제가 아니라, '근대화를 준비하던 나라'라는 서사를 만들 수 있었기 때문이다. 이는 조선의 실패가 외부 요인 때문이라는 결론으로 이어졌고, 역사 분석은 점차 현실적 비판보다 감정적 위로의 방향으로 흐르기 시작했다.

실학의 정치적 변용에서 중요한 문제는 실학을 과도하게 확장하여 조선 전체를 재해석하는 방식이다. 실학은 조선 후기의 지적 다양성을 보여주는 한 요소일 뿐인데, 국가주의적 해석은 실학을 조선 전체의 특징으로 끌어올렸다. 실학자 몇 명의 주장과 관찰을 마치 조선 사회 전체에 내재된 구조적 가능성인 것처럼 해석한 것이다. 그러나 실학은 지식인층 내부의 제한된 움직임이며, 사회 구조의 압도적 부분은 여전히 성리학적 질서에 의해 움직였다. 실학을 조선의 주류 사상처럼 제시하는 것은 역사적 사실과 맞지 않으며, 조선의 문제를 분석하는 데 심각한 오류를 초래한다.

더 나아가 실학의 정치적 활용은 대중적 교육 체계에도 깊게 스며들었다. 교과서는 실학을 개혁 사상의 정점으로 소개했고, 조선 후기의 문제점보다는 실학자의 주장과 이상을 강조했다. 이 과정에서 실학은 마치 조선이 근대적 제도와 시장경제, 기술 혁신을 내적으로 준비하고 있었다는 근거처럼 제시되었다. 그러나 이런 접근은 조선이 근대를 향해 나아갈 수 없었던 구조적 한계를 철저히 무시한다. 실학을 지나치게 강조하는 것은 조선의 실패를 설명하는 데 필요한 해부를 가로막고, 조선 사회 내부의 동력이 얼마나 제한적이었는지를 보지 못하게 한다.

실학의 오용은 결국 조선의 현실을 왜곡하여 한국인의 역사 인식을 단순화시키는 효과를 낳았다. 실학은 조선의 진정한 문제점을 분석하는 데 필요한 도구가 아니라, 조선을 긍정적으로 묘사하려는 심리적 장치가 되었다. 이는 비판적 역사학의 발전을 가로막고, 조선의 실패에서 배워야 할 교훈을 흐리게 만든다. 조선을 제대로 이해하려면 조선을 미화하는 것이 아니라, 조선이 변화할 수 없었던 구조를 직시해야 한다.

실학이 정치적으로 변용되고 학문적으로 오용된 과정은 한국 사회가 비판적 역사학을 얼마나 두려워했는지를 보여주는 상징적 사례다. 조선을 위로하는 서사는 쉽고 달콤하지만, 그 서사는 조선의 구조적 실패를 정확히 이해하는 데 아무런 도움이 되지 않는다. 실학을 실학 그대로 보아야 한다. 실학은 조선 후기의 제한된 사상적 움직임이며, 그것이 조선의 운명을 바꿀 수 있는 힘을 갖지 못했다는 사실을 인정해야 한다.

실학을 정치적 목적에 따라 재구성하는 관행을 멈추어야 한다. 실학을 신화에서 꺼내어 본연의 자리로 돌려놓아야 한다. 그래야만 조선의 실패를 정확히 이해하고, 그 실패를 반복하지 않을 수 있다.

7. 경제 사관 속에서 신화가 이론이 되는 과정

해방 이후 한국 사회는 조선을 바라보는 시각에서 유독 "경제"를 핵심 기준으로 삼으려는 경향이 강해졌다. 경제는 눈에 보이는 지표와 통계가 존재하며, 그 수치들은 역사적 평가에 객관성을 부여하는 것처럼 보인다. 그래서 경제사는 다른 어떤 분야보다 빠르게 대중에게 받아들여졌고, 조선의 역사 또한 경제적 용어로 설명되기 시작했다. 문제는 이 과정에서 조선의 경제 구조가 제대로 분석되기보다, 조선에 유리한 방향으로 해석될 수 있는 '신화적 요소'가 경제 이론의 형태로 재포장되었다는 점이다. 이 재포장 과정은 조선을 있는 그대로 이해하는 일과는 거리가 멀었다. 오히려 조선의 구조적 한계를 덮는 방향으로 작동했고, 조선이 근대화에 실패한 이유를 흐리는 결과를 낳았다.

신화가 이론으로 둔갑하는 과정은 먼저 맹아론(萌芽論)에서 시작되었다. 맹아론은 조선 후기 경제 활동에서 근대적 경제 구조의 '싹'을 발견하려는 시도다. 상업 활동 증가, 화폐 사용 확대, 장시(場市)의 발전 등은 모두 맹아로 해석되었다. 하지만 이러한 변화는 근대적 경제 체제의 출발점이 아니라, 조선 후기의 위기 징후와 밀접하게 연관된 현상이었다. 조세 제도의 혼란, 농촌 경제의 불안정, 국가 행정의 무력화가 심화되면서 시장 활동이 증가한 측면도 컸다. 즉 변화는 있었지만 변화의 방향이 근대화인지, 아니면 체제 붕괴의 반응인지 구분해야 한다.

맹아론은 그 구분을 의도적으로 흐렸다. 맹아론은 '근대적 요소'를 발견하는 데 집중했고, 그 요소가 조선의 구조에서 어떤 제약을 받았는지에는 관심을 두지 않았다. 상업 활동이 어느 정도 증가했다고 해서, 그것이 자본의 축적·생산력의 혁신·노동의 이동성 확장으로 이어진다는 보장은 없다. 그러나 맹아론은 이 단계를 건너뛰고 조선이 근대에 '거의 도달해 있었다'는 결론을 성급하게 도출했다.

경제 사관에서 신화가 이론으로 굳어지는 두 번째 단계는 '자생적 발전 모델'의 등장이다. 이 모델은 조선이 외부의 영향을 받지 않고도 자체적으로 발전할 능력이 있었으며, 식민지 시기의 충격 때문에 그 성장이 중단되었다는 식으로 조선을 재해석했다. 경제 사관은 그 주장의 외양을 현실적 근거로 보강하는 역할을 맡았고, 조선 후기의 여러 경제적 변화가 성장 잠재력의 증거로 제시되었다. 하지만 이는 조선의 구조를 정확히 파악하지 못한 해석이다.

조선의 경제는 근본적으로 정치 구조의 한계, 신분제의 제약, 기술 혁신의 지체, 국가 재정의 취약성 같은 문제로 인해 성장 동력이 극도로 약했다. 상업 활동이 증가했다고 해서 조선 경제가 자생적 근대화 경로를 향해 나아간 것은 아니다. 상업의 확대는 때로는 경제의 활력을 의미하지만, 또 다른 측면에서는 농업 기반이 붕괴되는 과정의 부산물이기도 하다. 그런데 자생적 발전 모델은 조선의 현실적 제약을 거의 고려하지 않은 채, 변화의 표면만을 근대적 잠재력으로 해석했다.

신화가 이론으로 굳어지는 세 번째 과정은 정치권력의 개입을 통해 강화되었다. 산업화 시대의 국가 권력은 대한민국의 근대적 성취를 설명하기 위해 조선과의 연속성을 강조할 필요가 있었다. 전통을 부정한 채 근대화를 설명하면, 그 근대화는 민족의 능력과 역사적 정통성을 단절시키는 결과를 낳기 때문이다. 그래서 조선 후기의 경제 활동이 '근대적 발전의 씨앗'이었고, 그 씨앗이 대한민국에서 꽃피웠다는 서사가 만들어졌다. 이 논리는 정치적으로 매력적이었지만, 경제사적 분석으로는 설득력이 약했다.

국가 권력이 조선의 경제를 다시 읽는 과정에서 실학과 상업 활동은 근대화의 출발점으로 재해석되었으며, 정약용이나 박지원 같은 인물은 자본주의적 경제 감각을 지닌 사상가로 변모했다. 사실 이들의 사상은 조선 체제 내부에서 변화를 도모하려는 제한된 범위의 움직임에 불과했다. 그러나 국가주의적 경제 해석은 이 사상가들을 '한국 경제 발전의 정신적 선구자'로 재배치하며 조선의 경제 활동에 근대적 의미를 부여했다. 이는 조선이라는 역사를 오늘의 국가 정당성을 위한 자원으로 재구성하는 정치적 선택이었다.

　경제 사관 속에서 신화가 이론으로 고착되는 네 번째 단계는 교육제도와 대중적 서술의 확산이다. 교과서와 대중 강연, 방송 프로그램 등은 조선 후기의 경제 활동을 지나치게 긍정적으로 소개했고, 상공업의 발전은 근대 경제의 예비 과정으로 설명되었다. 이는 단순한 교육적 편의가 아니라, 조선을 긍정적으로 이해하고자 했던 사회적 욕망을 반영한 결과다. 대중은 조선이 근대적 잠재력을 충분히 갖고 있었다는 이야기를 듣고 싶어 했고, 그 욕구에 부응하기 위해 경제 사관은 조선을 '거의 근대였던 사회'로 제시했다.

　하지만 이런 서술은 조선의 구조적 결함을 거의 다루지 않는다. 예를 들어 조선의 화폐 경제는 지역·시기·정치 상황에 따라 크게 달랐고 일관된 제도적 기반이 존재하지 않았다. 국가 재정은 농업 여부에 과도하게 의존했으며, 군사 체제는 경제적 기반을 유지할 능력이 없었다. 조선의 세금 제도는 비효율적이었고, 국가는 상업 활동을 장려하기보다는 통제하는 데 더 많은 관심을 기울였다. 이런 현실은 경제 사관의 신화적 서술 속에서 거의 언급되지 않는다.

　다섯 번째 문제는 자본주의의 개념을 오해한 채 조선에 적용한 방식이다. 조선 후기의 상업 활동을 자본주의적 경제 활동으로 해석하려는 경향은 매우 강했다. 그러나 자본주의는 단순히 상인이 존재하고 시장이 움직인다고 생겨나는 체제가 아니다. 자본주의는 법적 제도, 노동 구조, 기술 혁신, 자본 축적 방식 등 여러 요소가 동시에 작동해야만 성립한다. 조선은 이 조건 중 대부분을 갖추지 못했다. 상업 활동이 활발했다는 이유만으로 조선에 자본주의의 싹이 있었다고 해석하는 것은 역사적 맥락을 무시한 비약이다.

　경제 사관이 신화를 이론으로 만드는 과정의 또 다른 특징은 구조보다 '의지'를 강조하는 해석이다. 즉, 조선 후기의 사상가들이 시장과 생산을 강조한 것은 조선에 자생적 근대 의지가 있었음을 의미하며, 그 의지가 외부 요인에 의해 좌절되었다는 식이다. 그러나 실제로는 조선의 경제 구조가 근대적 성장 의지를 실현할 수 없는 형태였고, 실학자들의 주장은 체제를 바꿀 수 있는 규모의 동력을 가지지 못했다. 의지와 가능성을 동일시하는 해석은 조선에 유리한 방식으로만 작동했다.

경제 사관의 오용은 조선의 실패를 정확하게 이해하는 데 치명적인 방해가 된다. 조선은 정치적 무능, 군사 체제의 쇠퇴, 재정 기반의 붕괴, 기술 혁신의 부재, 신분제의 경직성 등 근대화가 불가능한 구조를 갖고 있었다. 그런데 경제 사관은 이 구조적 문제를 축소하거나 아예 언급하지 않는다. 조선을 미화하기 위해 구조적 현실을 의도적으로 배제하는 방식은, 조선의 실패에서 배울 수 있는 교훈을 흐리게 만든다.

결국 경제 사관 속에서 만들어진 신화는 조선을 분석하는 데 도움이 되는 이론이 아니라, 조선을 위로하는 서사다. 조선의 잠재력을 찾아내는 데만 집중하는 이론은 조선의 한계를 직시하는 데 필요한 시야를 빼앗는다. 신화가 이론처럼 굳어진 경제 사관은 조선이 근대에 실패한 이유를 정확히 설명하지 못한다. 조선은 잠재력이 많은 나라였기 때문에 실패한 것이 아니라, 잠재력을 실현할 구조를 갖추지 못했기 때문에 실패한 것이다.

조선을 제대로 이해하려면 경제 사관이 만들어낸 신화를 걷어내야 한다. 경제의 표면적 변화보다 구조적 한계를 분석해야 하고, 가능성보다 제도적 결함을 중심으로 조선을 평가해야 한다. 그때 비로소 조선의 실패는 단순한 과거가 아니라 앞으로의 제도 설계에서 피해야 할 경고로 기능하게 된다.

8. 정약용과 박제가의 사상을 자본주의 씨앗으로 읽는 기묘한 독법

정약용과 박제가는 조선 후기 실학을 논할 때 가장 빈번하게 호출되는 이름이다. 이 두 사람은 서로 배경도 다르고 관심사도 달랐다. 그러나 해방 이후의 학문과 국가주의는 두 인물을 조선 내부에서 자생적으로 발생한 '근대적 경제사상가'로 하나의 범주에 묶어 세웠다. 이는 조선의 전통 속에서 근대의 기원을 찾으려는 욕망이 만들어낸 인위적 결합이었다. 정약용과 박제가의 사상은 근대의 씨앗이라기보다, 오히려 조선 체제의 한계를 정직하게 드러내는 증거였다. 그런데도 이들의 사상은 기묘하게 변형되어 자본주의의 초기 형태처럼 소개되었고, 심지어 조선이 근대로 나아갈 수 있었던 가능성의 증거로까지 활용되었다.

이 기묘한 독법은 조선이 실패한 사회라는 사실을 직면하기 어려웠던 분위기 속에서 성장했다. 조선이 근대로 나아가지 못한 원인을 내부 구조의 문제에서 찾기보다, 외부 요인이나 '잠재력의 미실현'으로 돌리고 싶어 하는 심리가 작동했다. 이러한 심리는 정약용과 박제가처럼 생산·기술·상업을 언급한 인물들의 말에 과도한 의미를 부여하게 만들었다. 이때 중요한 것은 이 두 인물의 실제 영향력이나 사상적 일관성이 아니라 오늘의 국가 정당성을 구축하는 데 사용할 수 있느냐였다.

정약용은 실사구시의 상징으로 불리지만, 그가 활동한 시대의 조건은 조선 내부에서 제도 혁신이 가능한 환경과는 거리가 멀었다. 그의 방대한 저술은 조선 체제의 문제점을 날카롭게 지적할 때가 있지만, 그가 제안한 개혁은 기존 성리학적 언어의 범위를 크게 벗어나지 않았다. 그러나 현대의 자본주의적 독법은 정약용을 체제 전복적 개혁론자로 묘사하며, 그의 글에서 경제적 합리성·효율성·분업·노동 관리 등의 단어를 억지로 추출해낸다. 정약용의 사유가 이런 언어를 포괄한다고 하려면, 조선의 제도와 신분 구조가 근본적으로 변화할 수 있었어야 하지만 그런 가능성 자체가 미약했다. 그럼에도 정약용은 '근대화의 선구자'라는 제목으로 호출되며, 그의 글은 원래의 맥락을 잃고 자본주의의 전조로 읽힌다.

박제가는 더욱 흥미로운 사례다. 박제가는 청나라의 상업·기술·소비 생활을 관찰하며 조선의 폐쇄성을 비판했다. 그의 글에는 조선의 낙후성을 직시하는 근대적 시각이 담겨 있다고 평가되지만, 이는 절반의 진실이다. 박제가의 비판은 체제 전체를 전복하려는 급진적 사상이 아니라, 성리학적 질서 안에서 낭비를 줄이고 생산을 늘리자는 경제 관리론에 가깝다. 그러나 현대의 국가주의적 해석은 박제가의 주장을 자본주의적 사고의 출발점으로 해석하며, 조선이 상업 발전과 기술 육성에 관심을 가졌다는 근거로 활용한다. 이 해석은 실학자 한 명의 목소리를 조선 전체의 가능성으로 확장시키는 과장된 비약이다.

이 두 사람의 사상을 자본주의의 씨앗으로 읽는 독법이 기묘한 이유는, 조선의 구조적 한계와 실학자들의 '위치'를 완전히 분리해버리기 때문이다. 정약용의 사유가 조선의 제도 속에서 실제 정책으로 실현될 가능성은 거의 없었다. 그는 유배지에서 글을 썼고, 그의 개혁론을 실천할 수 있는 정치적 기반은 존재하지 않았다. 박제가는 북학파라는 소수 그룹의 일원이었으며, 그들의 주장은 조선의 지배 엘리트가 채택할 준비가 되어 있지 않았다. 그럼에도 후대의 경제사 해석은 이들의 사유를 조선 전체가 공유했던 정신처럼 포장했다.

정약용과 박제가를 자본주의의 씨앗으로 읽으려면, 두 사람이 활동한 시대가 이미 시장경제의 기본 조건을 갖추고 있었어야 한다. 하지만 조선은 그런 조건과 거리가 멀었다. 노동의 이동은 신분제에 막혀 있었고, 기술 혁신은 제도적 관심 밖에 있었으며, 자본 축적은 구조적으로 불가능했다. 국가 재정은 농업 생산에 과도하게 의존했고, 상업과 제조업은 사회적 지위를 높여주지 않았다. 이런 환경에서 정약용과 박제가의 사상은 근대적 융합을 이루지 못한 제한적 시도였다. 그들의 글은 구조적 비판이 아니라 해당 질서 안에서 문제를 완화하기 위한 제안에 가까웠다.

그럼에도 불구하고 현대의 독법은 이들의 사상을 포장하며 조선의 근대 가능성을 강조했다. 왜 이런 일이 벌어졌는가? 이는 정치적 필요와 학문적 욕망이 만난 지점에서 발생했다. 해방 이후 한국 사회는 조선의 실패를 그대로 인정하면 민족의 자존감이 손상된다고 느꼈다. 그래서 조선의 전통 속에서 '근대의 원형'을 발굴하려는 시도가 계속되었다. 이 과정에서 정약용과 박제가는 지나치게 이상화되었다. 그들은 조선이라는 거대한 체제가 가진 한계를 보여주는 사례임에도, 후대는 이 한계를 넘어선 가능성만을 과도하게 확대했다.

이 기묘한 독법의 심리적 구조는 매우 단순하다. 조선이 실패한 이유를 조선 내부에서 찾고 싶지 않은 것이다. 조선을 비판적으로 해부하는 대신, 조선의 가능성을 강조하는 방식으로 서사를 재구성한다. 그 과정에서 실학자는 '전통적 사유 구조 안에 갇힌 인물'이 아니라, '근대를 향한 예언자'로 바뀐다.

이러한 변형은 조선을 이해하기보다 오해하게 만드는 방식으로 작동한다. 실학자들의 글은 방대한데, 그중 오늘의 관점에서 근대적으로 보이는 문장과 개념만 선택적으로 추출하면 어떤 사상가도 근대화의 선구자로 보일 수 있다. 이 선별된 인용 방식은 실학의 전체 맥락, 성리학적 언어 구사, 체제 수호적 기조를 모두 무시한다. 실학자들의 글은 조선 후기라는 시대적 제약을 지우고는 독립적으로 해석되어 버린다.

정약용과 박제가의 사상을 자본주의적 시초로 해석하는 관행은 근대의 개념 자체를 왜곡한다는 문제가 있다. 자본주의는 단순히 생산을 강조하거나 상업을 긍정한다는 수준의 사고가 아니다. 자본주의는 법·제도·종교·교육·노동 시장·군사 체제까지 전 영역의 구조적 재편이 전제되어야 한다. 명확한 사유재산권, 경쟁 체제, 노동력의 자유로운 이동, 금융제도의 안정성, 산업 기반의 형성 등이 필요하다. 조선 후기의 실학은 이 조건과 거의 연결되지 않았다. 그런데도 후대 해석은 실학자들이 몇 가지 경제 개념을 언급했다는 이유만으로 근대의 기원으로 포장했다. 이것은 개념적 혼동이며, 조선의 구조적 조건을 무시하는 해석이다.

이 독법의 또 다른 문제는 조선의 실패를 희석시키는 효과를 낳는다는 점이다. 정약용과 박제가를 근대의 씨앗으로 해석하는 순간, 조선이 근대화에 실패한 이유는 구조적 한계가 아니라 '개혁이 실현되지 못한 불운'으로 바뀐다. 이는 책임의 방향을 흐리게 만들고, 조선의 제도적 한계를 분석할 필요성을 약화시킨다. 결국 조선은 구조적 무능을 가진 체제가 아니라, 개혁을 실천할 수 있는 작은 '기회를 놓친 체제'처럼 변모한다. 역사적 진단을 흐리게 만드는 대표적인 방식이다.

정약용과 박제가를 이용한 기묘한 독법은 이런 방식으로 조선의 실패를 미화하고, 조선을 정면으로 비판하는 데 필요한 언어를 약화시킨다. 그러나 이 두 인물을 있는 그대로 보아야 한다. 정약용의 사유는 조선의 구조 속에서 제한된 실천 가능성을 갖고 있었고, 박제가의 비판은 운용 가능한 정책이라기보다 관찰자의 감각에 가까웠다. 그들이 제안한 개혁의 방향은 조선의 근대화를 의미하지 않는다. 오히려 조선의 체제가 이미 여러 방면에서 정체되어 있었음을 드러내는 증거였다.

정약용과 박제가를 자본주의적 관점에서 해석하는 방식은, 조선이 가진 구조적 문제를 무시한 채 몇 개의 텍스트와 문장을 확대하여 '가능성'이라는 이름으로 재구성한 결과다. 그러나 가능성은 실현 능력과 분리될 수 없다. 조선은 가능성을 실현할 수 있는 제도적 틀이 없었다. 그 사실을 외면한 채 조선의 사유 속에서 근대의 기원을 찾으려는 시도는 결국 조선을 위로하는 신화에 머무르고 만다.

조선을 정확히 이해하려면, 실학자 몇 명의 텍스트에 근대를 투사하는 방식에서 벗어나야 한다. 정약용과 박제가는 근대의 씨앗이 아니라, 오히려 조선 체제가 더는 작동하지 않음을 보여주는 징후였다는 사실을 보아야 한다. 그때 비로소 조선의 실패는 감정이 아니라 분석의 대상이 되고, 실패의 원인을 정확히 파악할 수 있게 된다.

9. 신화가 만든 조선의 가상 근대 프로젝트

해방 이후 한국 사회는 조선을 두 가지 방식으로 동시에 기억했다. 하나는 실패한 국가라는 인식이고, 다른 하나는 잠재력을 가진 나라였다는 기대다. 이 기대는 단순한 감정 차원의 바람이 아니라, 역사 해석 전체를 재구성하는 힘이 되었다. 그 결과 조선의 실제 구조를 분석하기보다 조선에 '이미 근대가 도달할 뻔했다'는 서사가 만들어지기 시작했으며, 이 서사는 점차 단단한 신화로 굳어졌다. 이러한 신화가 가장 극적으로 나타난 분야가 바로 '가상 근대 프로젝트'이다. 조선이 근대로 나아갈 수 있었던 길을 상상하고, 그것을 조선의 '내재적 능력'으로 포장하는 방식은 역사 해석의 핵심을 흐리면서도, 대중과 국가 권력에게 매력적인 서사로 기능했다.

조선의 가상 근대 프로젝트는 처음부터 사실에 근거해 만들어진 관점이 아니었다. 이는 조선의 실패를 인정하는 데 따르는 불편함을 줄이기 위해 조립된 일종의 정신적 보호막이었다. 조선은 왜 근대 국가가 되지 못했는가라는 질문에 대해, 구조적 분석 대신 '가능성의 상상'을 답으로 내세우면서 조선을 비판하는 대신 위로하는 해석이 등장했다. 이 프로젝트에서 조선은 실제로는 가지지 못했던 역량을 갖고 있었던 것처럼 기술되었고, 근대로 가는 길이 막혔던 이유는 내부의 구조적 결함이 아니라 외부의 방해나 시대적 불운으로 돌려졌다.

이 가상 근대 프로젝트의 핵심 전략은 현실의 조선을 지우고, 선택된 몇 개의 사례와 아이디어만으로 조선을 재구성하는 방식이다. 조선 후기의 상공업 활동 일부, 실학자 몇 명의 글, 기술적 변화의 작은 흔적들을 근대의 전조로 포장하면서, 이 조각난 증거들을 이어붙여 조선이 근대를 준비하고 있었다는 일종의 대체 역사 구도가 만들어졌다. 이는 전체 구조를 분석하는 방식이 아니라, 원하는 결과를 만들기 위해 조각난 자료를 재배열하는 방식에 가깝다. 역사적 구조는 사라지고, 서사가 그 자리를 차지한다.

이러한 재구성의 과정에서 중요한 것은 조선이 실제로 근대로 이동할 수 있는 조건을 갖추었는가가 아니라, 근대로 이동할 수 있었다고 '믿고 싶은 욕망'이 얼마나 강력했는가였다. 조선이 세계 질서의 변화 속에서 무기력했던 이유, 신분제와 국가 재정이 가진 구조적 결함, 군사력의 취약함, 정치적 의사결정의 비효율 같은 문제는 가상 근대 프로젝트 속에서 거의 언급되지 않는다. 그 대신 '만약 조선이 외세의 방해를 받지 않았다면', '만약 일부 개혁이 더 적극적으로 추진되었다면' 같은 조건부 상상이 구조적 분석을 대체한다. 역사학은 사실을 토대로 해야 하지만, 이 프로젝트에서는 사실이 상상에 종속되는 역전 현상이 발생한다.

가상 근대 프로젝트가 강력해진 이유 중 하나는 국가 정당성과 결합했기 때문이다. 해방 이후 대한민국은 빠른 산업화와 경제 성장을 이루었지만, 그 성취를 '전통과의 단절' 위에서 설명하는 것은 정치적으로 불편했다. 그래서 조선의 전통 속에 근대화의 단서를 심어두는 방식이 채택되었다. 조선이 이미 근대를 향해 나아가고 있었고, 그 미완의 가능성이 한국 현대사의 성취로 이어졌다는 서사는 국가주의적 관점에서 매우 매력적이었다. 조선의 가상 근대는 국가 발전의 정통성을 강화하는 수단이 되었고, 그 과정에서 조선의 실제 문제점은 은폐되거나 축소되었다.

이 프로젝트의 가장 큰 문제는 조선의 현실적 조건을 역사에서 제거한다는 점이다. 조선이 근대에 진입하기 어려웠던 이유는 너무나 명확하다. 신분제는 사회적 이동을 거의 허용하지 않았고, 세습적 특권은 생산·기술·상업의 발전을 억눌렀다. 국가는 군사력을 유지할 재정이 부족했고, 과학과 기술의 발전을 촉진할 의지도 구조도 없었다. 외교적 시야는 좁았고, 국제 질서는 거의 이해되지 않았다. 정치 체제는 파벌 논쟁에 소모되었고, 국가의 장기적 계획은 논의조차 되기 어려웠다. 이런 구조적 문제는 조선을 근대와 멀어지게 하는 결정적 요인이었다.

그럼에도 가상 근대 프로젝트는 이러한 구조를 사실상 제거하고, 조선이 전통 속에서도 충분히 역동적이었다는 서사를 만들어냈다. 조선이 근대로 이동할 수 있었던 요인만 확대하고, 이동을 가로막았던 요소는 설명에서 제외되었다. 이렇게 만들어진 조선은 실제 역사 속의 조선이 아니라, 조선을 다시 만들고 싶은 마음이 만들어낸 조선이었다. 이것은 역사 연구라기보다 심리적 재구성이며, 조선에 대한 집합적 방어기제라고 해석할 수 있다.

가상 근대 프로젝트는 또 하나의 문제를 낳는다. 그것은 조선을 비판하는 언어를 약화시키고, 조선의 실패에서 교훈을 얻는 것을 어렵게 한다는 점이다. 조선의 실패를 구조적 한계가 아니라 '아쉬운' 기회의 미완성으로 해석하면, 조선이 왜 근대에 도달하지 못했는지를 분석할 필요가 줄어든다. 비판이 줄어들면 성찰도 줄어든다. 성찰이 줄어들면 같은 실패가 반복될 위험이 커진다. 역사는 위로가 아니라 교훈을 줘야 하는데, 가상 근대 프로젝트는 위로만 제공하고 교훈을 지우는 기능을 수행한다.

이 프로젝트의 또 다른 특징은 대중적 매력에 있다. 조선이 근대적 가능성을 갖고 있었다는 이야기는 듣기에 편하고, 자존심을 긁지 않는다. 또한 조선을 이해하는 복잡한 구조 분석 대신, 몇몇 흥미로운 사례를 소개하며 긍정적 결론으로 이어지는 서술은 대중에게 쉽게 받아들여진다. 그래서 가상 근대 프로젝트는 학술 영역뿐 아니라 교과서·다큐멘터리·대중 강연에서 빠르게 확산되었다. 조선은 '실패한 체제'가 아니라 '근대에 닿지 못한 아까운 체제'로 재포장되었다.

　가상 근대 프로젝트가 확산될수록 조선의 실체는 흐려진다. 조선의 행정 체계가 가진 취약성, 기술 발전이 억제된 구조, 지식 생산의 한계, 외부 세계에 대한 무감각 등 실질적 문제는 설명에서 빠지고, 조선 내부에서 자체적으로 변화가 일어날 수 있었다는 기대만 강조된다. 이 기대는 사실의 분석이 아니라 감정의 투사에 가깝다. 조선을 평가하는 기준이 현실에서 기대로 이동하면서, 조선의 역사는 분석의 대상이 아니라 감정의 대상이 된다.

　이 가상 근대 프로젝트에서 가장 위험한 부분은, 이 서사가 시간이 지나면서 '사실의 영역'으로 이동해 버린다는 것이다. 즉, 처음에는 조선의 잠재력을 설명하기 위한 상상과 가정의 서사였는데, 시간이 흐르면서 마치 조선이 실제로 그 능력을 가졌던 것처럼 '이론'으로 굳어져 버린다. 신화가 이론으로 변하는 것이다. 한 번 이론화가 이루어지면, 비판적 검토가 어려워지고, 조선의 구조적 문제를 다시 꺼내는 일이 마치 '자학'처럼 느껴지게 된다. 이는 학문적 자유와 진실 탐구를 제약하는 심각한 현상이다.

　조선의 근대를 이해하려면, 조선이 근대에 접근할 수 있었던 상상적 가능성을 그려보는 것이 아니라, 조선이 왜 근대를 이루지 못했는지를 정면으로 파고들어야 한다. 조선의 실패는 외부 요인으로 단순화될 수 없는 복합적 구조의 문제였다. 신분제, 정치 구조, 국가 재정, 군사 체제, 기술 혁신의 부재, 이 모든 요인은 조선을 근대와 멀어지게 했다. 가상 근대 프로젝트는 이 문제들을 해소하지 않는다. 오히려 문제를 흐리고, 성찰의 기회를 없애며, 실제의 조선과 상상 속의 조선을 뒤섞어버린다.

　조선이 근대로 향할 수 있었던 길을 상상하는 것은 흥미로운 지적 놀이일 수 있다. 그러나 그 상상이 조선의 실제를 대체하는 순간, 그것은 학문이 아니라 위로가 된다. 조선을 분석하려면 신화가 아니라 구조를 보아야 하고,

가능성이 아니라 한계를 보아야 한다. 가상 근대 프로젝트는 조선의 한계를 제거한 채 조선을 재구성하는 서사이며, 이는 조선을 이해하는 것이 아니라 조선을 왜곡하는 일이다.

조선을 올바르게 이해하려면 이 신화를 걷어내야 한다. 조선은 근대의 문턱에서 좌절된 잠재력의 나라가 아니라, 근대로 갈 수 있는 구조적 조건을 갖추지 못한 사회였다. 그 사실을 정면으로 인정할 때만 조선의 실패는 우리에게 진짜 교훈이 된다.

10. 신화의 포장지를 벗기고, 조선을 다시 보다

조선을 둘러싼 해석은 오랫동안 사실보다 욕망에 가까운 것이었다. 조선을 분석한다는 이름으로 구성된 많은 서사는 조선의 구조를 드러내는 대신 조선을 감싸는 포장지 역할을 했다. 그 포장지는 때로는 민족적 자긍심이었고, 때로는 국가주의의 필요였으며, 때로는 조상을 긍정적으로 바라보고 싶은 심리적 안정감이었다. 그러나 어떤 포장지를 씌우더라도 조선이라는 실체가 변하는 것은 아니다. 오히려 포장지가 두꺼워질수록 조선의 진짜 모습은 더 멀어지고, 그 실체는 보이지 않는 영역으로 밀려난다.

조선을 다시 본다는 것은 조선을 비난하거나 조선을 모욕하는 일이 아니다. 조선을 실제 구조와 조건에 따라 분석하는 일이며, 조선이 가진 한계를 정확하게 이해하는 일이다. 조선이 역사 속에서 어떤 자리였는지를 파악하려면, 조선을 감싸고 있는 신화와 장식을 제거해야 한다. 조선이 위대했다는 신화도, 조선이 근대를 스스로 준비하고 있었다는 신화도, 실학이 조선의 개혁 동력이었다는 신화도 모두 이제는 내려놓아야 한다. 우리가 붙들어야 하는 것은 조선의 '가능성'이 아니라 조선의 '실제'다.

역사에서 중요한 것은 실체다. 실체를 이해하기 위해선 포장지를 벗겨야 한다. 조선은 근대를 앞두고 갑자기 좌절된 잠재력의 나라도 아니고, 미완의 개혁을 통해 변화가 준비되고 있던 사회도 아니었다. 조선은 장기간에 걸쳐 경직된 제도 속에 갇혀 스스로의 한계를 넘지 못한 사회였다. 조선에 작동했던 힘은 변화의 동력이 아니라 정체의 동력이었으며, 사회적 유연성이 아니라 고착의 기제가 더 강했다. 조선을 이해한다는 것은 이 구조를 정면에서 마주하는 것이다. 이 사실을 인정하기 어렵다고 해서, 조선이 다른 길을 걸었을 가능성을 상상하는 것으로 대체할 수는 없다.

신화를 벗겨내는 과정에서 중요한 것은 조선이 무엇을 할 수 있었는가가 아니라, 조선이 무엇을 할 수 없었는가를 살피는 일이다. 조선의 한계는 선택적 실수나 지도자의 판단 부족에서 비롯된 것이 아니라 구조적 조건에서 발생했다. 국가 재정의 취약함은 일시적 현상이 아니라 제도적 결과였고, 기술 혁신의 부진은 무능 때문이 아니라 체제가 지식을 다루는 방식에서 기인했다. 신분제의 경직성은 관습적 문제가 아니라 사회 전체를 움직이지 못하게 하는 핵심 기제였다. 외교적 감각의 부족은 개인의 오류가 아니라 세계관 자체가 닫혀 있었던 데에서 비롯되었다.

조선의 실패는 구조적이었으며, 구조적 실패는 단순한 '아쉬움'으로 설명할 수 없다. 가상 근대 프로젝트는 조선이 실패한 이유를 감정적으로 재해석했고, 실학의 미화는 조선에 없었던 가능성을 덧붙였으며, 경제사적 신화는 조선을 근대 문턱까지 이끌어 놓고 외부 요인이 이를 막았다는 이야기로 바꾸었다. 그러나 이 모든 재해석은 조선이라는 실체를 덮는 또 다른 겹의 포장지일 뿐이다. 조선은 근대의 문턱에 서 있지 않았다. 조선은 근대가 어떤 의미인지조차 파악하지 못한 상태에서 세계의 변화를 맞았다.

조선을 다시 보려면 무엇보다 조선이 변화를 방해한 방식을 살펴야 한다. 조선은 새로운 것이 등장할 때 이를 흡수하는 제도적 유연성을 갖지 못했다. 지식은 경쟁력 있는 자원이 아니라 기존 체제를 유지하는 논리로 사용되었고, 경제 활동은 공공선보다 위계질서를 더 중시하는 문화 속에서 억압되었다. 기술은 사회적 위신을 높이는 것이 아니라 신분적 열등함을 드러내는 요소로 여겨졌다. 국가는 규제를 통해 사회를 안정시키려 했지만, 그 규제는 활력을 죽이고 변화의 통로를 닫아버렸다. 이런 구조적 억압 속에서 근대적 변화가 일어날 수 있다는 기대 자체가 비현실적이었다.

신화의 포장지를 걷어내면 조선은 놀라운 잠재력이 있던 사회가 아니라 잠재력을 실현할 수 없도록 구조화된 사회로 나타난다. 이를 인정하는 것이 곧 조선을 폄하하는 일이라고 생각하는 사람이 많지만, 사실은 그 반대다. 조선의 구조적 한계를 정확히 분석해야만 그 한계를 반복하지 않을 수 있고, 오늘의 국가가 더 나은 제도를 설계할 수 있다. 조선의 실패를 감정적으로 치유하려는 방식은 조선의 실패를 되풀이하도록 만드는 위험한 태도다. 진정한 역사 이해는 위로가 아니라 직시에서 시작된다.

우리가 신화를 걷어내고 조선을 다시 본다는 것은, 조선을 새로운 책임의 장소로 끌고 오는 일이다. 조선의 구조가 왜 변하지 않았는지, 어떤 힘이 변화를 막았는지, 어떤 영역에서 판단이 왜곡되었는지, 조선이 세계의 움직임을 어떻게 오해했는지 등을 질문해야 한다. 조선을 감싸던 포장지가 제거되면, 조선이 가진 문제들은 더 명확하게 드러난다. 그리고 그 문제들은 단순히 조선만의 실패가 아니라, 오늘 우리의 제도와 사고방식에서도 반복될 위험이 있다는 경고로 읽혀야 한다.

신화적 조선은 아무런 교훈을 주지 않는다. 신화는 감정적 만족을 준다. 그러나 감정적 만족은 체제의 결함을 분석하지 못하게 한다. 신화 속에서는 조선이 잘못한 것이 없고, 실패의 이유는 외부 요인에 있다. 하지만 실제의 조선은 내부 구조에서 비롯된 문제로 인해 근대에 도달할 수 없었다. 이 사실을 인정할 때 조선의 역사는 분석의 대상이 되고, 분석은 미래를 위한 자산이 된다.

조선을 다시 본다는 것은 조선의 위대함을 찾는 일이 아니라, 조선이 무엇 때문에 실패했는지를 파악하는 일이다. 우리는 조선을 지나치게 미화해 왔다. 실학을 개혁의 동력으로 과장했고, 상업 활동을 근대의 징후로 해석했으며, 조선이 선택할 수 없었던 길을 조선이 선택할 수 있었던 것처럼 꾸며 왔다. 이 과정에서 조선은 분석적 대상이 아니라 심리적 배경으로 변했다. 하지만 역사는 배경이 아니다. 역사는 원인과 결과의 연속이며, 구조적 제약의 작용과 그에 대한 반응의 기록이다.

조선을 가상 근대 속에서 재구성하는 대신, 조선을 현실의 자리로 돌려놓아야 한다. 조선이 실패한 이유를 직시해야 하고, 그 실패를 정확히 설명해야 한다. 신화는 조선을 편하게 만들지만, 현실을 왜곡한다. 신화의 포장지를 벗기면 조선은 더 이상 '아까운 나라'가 아니라, 변화를 실행할 수 있는 제도적 능력이 부족했던 나라로 드러난다. 그 사실을 감당할 때 비로소 조선의 역사는 미래에 의미를 가진다.

우리가 조선을 다시 보는 이유는 조선을 탓하기 위해서가 아니다. 조선을 있는 그대로 이해해야 오늘의 국가가 더 현명해질 수 있기 때문이다. 조선의 포장지를 제거하는 일은 조선을 해체하는 것이 아니라, 조선을 회복하는 일이다. 조선의 실패를 인정하는 것은 조선을 모욕하는 것이 아니라, 조선의 역사를 성숙하게 사용하는 방식이다. 신화는 조선을 멀리 떨어뜨려 놓지만, 분석은 조선을 우리 곁으로 가져온다. 신화의 포장지를 벗겨낸 조선은 더 이상 과장이 아니라 실체다. 실체를 보는 순간, 비로소 조선은 위로의 대상이 아니라 배움의 대상이 된다. 우리가 신화를 되감고 조선을 다시 볼 때, 조선은 미래를 위한 거울로 새롭게 서게 된다.

4장
민족의 역사 vs 국가의 역사

1. 해방 이후 민족주의 사학의 구조적 필요성

해방 직후의 한국 사회는 정치적 혼란만 겪은 것이 아니었다. 그보다 더 큰 혼란은 '정체성의 붕괴'였다. 국가는 독립을 얻었지만, 국민이 스스로를 어떤 존재로 규정해야 하는지는 아무도 알지 못했다. 조선 왕조가 멸망한 뒤 식민지 체제가 자리 잡기까지 40년 동안, 한국 사회는 자신이 어떤 공동체인지 명확하게 규정하지 못했다. 국가는 사라졌고, 왕조의 정통성은 더 이상 의미가 없었으며, 식민 지배를 정당화하던 일본의 논리는 폐기되었다. 그러나 폐기된 자리에 새로운 정체성이 자동으로 채워지는 일은 없었다. 이 거대한 공백을 메우기 위해 등장한 것이 바로 민족주의 사학이다. 민족주의 사학은 단지 학문 분야를 넘어, 해방 이후 한국 사회가 집단적 혼란을 견디기 위해 선택한 심리적·정치적 기둥이었다.

해방 직후 사람들은 자신이 누구인지, 무엇을 기준으로 '우리'라고 말할 수 있는지 혼란스러웠다. 왕조는 이미 과거가 되었고, 국가는 새로 만들어져야 했으며, 식민지 지배는 기억에서 지워져야 했다. 그런데 이 세 요소 중 어느 것도 새로운 정체성의 중심이 될 수 없었다. 왕조는 구시대적이었다. 국가는 아직 존재하지 않았거나 매우 취약했다. 식민지 경험은 수치와 상처의 기억으로 남아 있었다. 이 지점에서 민족이라는 개념이 등장한다. 민족은 혈통·언어·문화라는 실체적 형태가 있는 것처럼 보이지만, 사실은 정치적 필요에 따라 언제든 재구성될 수 있는 유연한 상징이다. 그래서 민족은 해방 직후의 한국 사회가 가장 쉽게 붙잡을 수 있는 정체성의 중심이 되었다.

민족은 왕조보다 넓고, 국가 지도보다 오래되며, 식민지 경험보다 포괄적이다. 왕조의 몰락과 국권 상실의 이유를 설명하면서도, 동시에 미래를 향한 새로운 정통성을 제공할 수 있는 유일한 개념이 바로 민족이었다. 이는 단지 심리적 위안 때문이 아니었다. 민족은 국가 건설을 위한 동원 논리로도 적합했다. 국가는 제도를 만들기 위해 법과 제도가 필요하지만, 국민을 만들기 위해서는 감정과 상징이 필요하다. 해방 직후의 사회에서 제도는 불안정했고, 시장은 미성숙했으며, 정치 세력은 분열되어 있었다. 이때 민족은 구심점 역할을 수행했다. 민족은 누구든 쉽게 참여할 수 있고, 누구도 부정하기 어려운 상징이었기 때문이다.

해방 이후 민족주의 사학의 등장은 단지 학문적 전환이 아니었다. 그것은 정치적 긴급성에 대한 응답이었다. 나라는 존재하지만, 국가는 아직 제대로 성립되지 않은 상황에서 공동체의 정통성을 세우기 위한 가장 손쉬운 길은 '민족의 오래됨'을 강조하는 것이었다. 민족은 근대 국가가 없던 시절에도 존재했다고 상징적으로 설정할 수 있었고, 조선 왕조의 실패와 일본의 식민 지배라는 굴욕적 역사를 한꺼번에 덮어버릴 수 있는 서사였다. 민족주의 사학은 바로 이 공백을 메우는 도구로 기능했다.

이런 구조 속에서 조선이 다시 나타났다. 조선은 민족주의 사학에서 두 가지 방식으로 재구성된다. 하나는 조선이 민족의 문화적 기반을 보존한 나라였다는 주장이고, 다른 하나는 조선이 민족적 정체성을 이어온 주체라는 관점이다. 이 두 해석은 조선의 정치·사회적 실패를 설명하기 불편한 사람들에게 매우 적합했다. 조선이 실질적으로 실패한 체제였다는 사실보다, 조선이 민족의 '얼'을 이어온 공동체였다는 서사는 훨씬 감정적으로 안정감을 주었다. 이렇게 조선은 그 자체의 실체가 아닌, 민족주의 신화를 떠받치는 재료로 재구성되었다.

민족주의 사학의 구조적 필요성은 조선의 실패와 직접 연결된다. 조선은 제도적 경직성, 기술적 정체, 국제 감각의 결여 등 근대화를 막는 요소를 다

수 갖고 있었다. 그럼에도 조선이 단지 '억울하게 망한 나라'로 기억되는 이유는 조선의 실패를 구조적으로 설명하면 감당해야 할 책임이 너무 크기 때문이다. 조선의 붕괴가 내부적 문제에서 비롯된 것이라면, 한국 사회는 조선을 그대로 계승한 공동체로서 그 책임을 함께 짊어져야 한다. 하지만 조선의 몰락이 외부의 침략 때문이라면, 한국 사회는 피해자이자 생존자로서 새로운 국가를 세울 수 있다. 민족주의 사학은 바로 이 책임 전가의 논리를 가능하게 했다. 조선의 실패는 내부의 결함이 아니라 타자의 침입 때문이라고 설명되었고, 이러한 설명은 국가의 정당성을 확보하는 데도 매우 유리했다.

해방 이후 민족주의 사학은 또 하나의 기능을 갖게 된다. 그것은 정치적 분열을 잠재우는 상징적 장치였다. 이념적 갈등, 계급적 대립, 지역 갈등은 해방 직후 사회 전역에 만연했다. 그런데 민족이라는 단위는 이러한 내부의 갈등을 일시적으로 덮는 일종의 통합 장치였다. 민족주의 서사 속에서는 좌파도 우파도, 남도 북도 같은 '한 민족'의 구성원으로 묶일 수 있었다. 물론 이 통합은 실질적 문제를 해결하지 못했지만, 그럼에도 민족은 해방 직후의 혼란을 견디기 위한 상징적 접착제 역할을 했다. 학문은 이 상징을 정당화하는 설명 체계를 제공해야 했고, 그 결과 민족주의 사학이 제도적으로 강화되었다.

민족주의 사학이 조선을 재해석하는 방식은 조선의 구체적 사실을 기반으로 하기보다는 조선이 현대 한국에게 제공해야 하는 역할에 따라 달라졌다. 조선은 때로는 위대한 전통을 보존한 나라로, 때로는 근대화의 가능성을 품고 있었던 나라로 재구성되었다. 조선의 실제 모습은 논의의 중심에서 빠져나갔고, 조선은 민족적 정체성의 토대라는 상징적 기능만 남게 되었다. 이렇게 만들어진 조선은 현실의 조선이 아니라, 필요에 의해 꾸며진 조선이었다. 조선의 결함은 가려지고, 조선의 긍정적 측면만 확대되었다. 이러한 방식은 학문적 분석을 왜곡했을 뿐 아니라 조선에 대한 성찰의 가능성도 차단했다.

 민족주의 사학의 또 다른 구조적 필요는 정치 권력과의 결합에서 발생한다. 국가는 정당성을 확보하기 위해 과거를 규정해야 하고, 그 규정이 국민에게 수용되기 위해서는 감정적 호소력이 필요하다. 민족은 정치 권력이 사용하기에 가장 이상적인 자원이었다. 민족은 숭고하고, 오래되고, 감정적으로 즉각적인 반응을 불러일으키며, 비판을 거부하는 상징이기 때문이다. '민족을 위한 역사'라는 말은 어떤 정치적 목적을 추구하든 쉽게 동원될 수 있는 언어였다. 그 결과 학문은 권력을 위해 감정적 서사를 제공하는 기능을 담당하게 되었다.

 문제는, 이러한 구조에서 조선의 객관적 이해는 사라진다는 점이다. 조선은 민족주의의 증거가 되거나, 국가 건설기의 정통성을 뒷받침하는 비유가 되거나, 외세의 침략을 설명하는 도구가 되었다. 조선 자체가 분석의 대상이 아니라, 현대 사회가 필요로 하는 신화를 투사하는 화면이 된 셈이다. 이런 방식은 조선을 온전히 이해하는 데 도움이 되지 않는다. 오히려 조선의 문제를 직면할 기회를 빼앗고, 미래를 위해 필요한 교훈을 흐리게 만든다.

 해방 이후 민족주의 사학이 탄생한 이유는 결코 단일하지 않다. 정체성의 공백, 조선의 실패를 설명하려는 정치적 요구, 국가 정당성을 위한 서사의 필요, 분열된 사회를 통합해야 하는 절박함 등이 함께 작용했다. 그러나 이 복합적 원인을 뚫고 가장 근본적인 구조를 이루는 것은 조선이 남긴 면밀히 분석된 역사적 바탕이 없었다는 사실이다. 조선에 대한 사회적 이해는 감정과 관습이 더 강했고, 구조적 분석은 충분히 축적되지 않았다. 그런 상황에서 민족주의는 가장 손쉽고 빠르게 공동체를 묶을 수 있는 설명 체계가 되었다. 한국 사회는 이 서사를 선택했고, 그 선택은 지금까지도 이어지고 있다.

결과적으로 민족주의 사학은 해방 이후 한국 사회가 만들어낸 가장 강력한 지적 유산이자, 동시에 가장 큰 한계이기도 하다. 민족주의 사학은 공동체의 정체성을 세우는 데 기여했지만, 조선을 성찰할 기회를 빼앗고, 역사 분석을 감정적 위로의 영역으로 돌려놓았다. 민족주의 사학이 만들어낸 조선은 사실보다 상징에 가깝고, 구조적 문제보다 감정적 진실에 기댄다. 이런 방식의 역사 이해로는 미래를 위한 교훈을 얻기 어렵다.

그러므로 이제는 민족주의 사학이 왜 등장했는지를 넘어서, 그 사학이 무엇을 가리고 무엇을 남겼는지 따져보아야 한다. 조선의 현실을 분석하고, 그 실패를 구조적으로 이해하는 일이야말로 민족주의 사학의 한계를 넘어서 새로운 역사학으로 나아가는 첫걸음이다. 민족주의가 조선을 대변해온 시대는 끝났다. 이제 조선은 다시 분석의 자리로 돌아와야 한다. 조선을 상징이 아니라 실체로 바라볼 때, 비로소 한국 사회는 과거를 미래의 자산으로 전환할 수 있다.

2. 민족주의 사학의 제도화와 학문 권력

해방 이후의 한국 사회는 새로운 국가를 세우기 위해 제도를 재구축해야 했다. 그러나 제도적 기반이라는 것은 문서나 법률만으로 만들어지는 것이 아니다. 제도는 언제나 특정한 사고방식, 가치, 역사 인식 같은 '보이지 않는 구조'를 필요로 한다. 국가를 지탱하는 제도는 곧 국가가 자신을 어떻게 설명하고 정당화하는가에 따라 성립된다. 이 지점에서 민족주의 사학은 단순한 사상이나 학문적 흐름을 넘어 국가 제도의 핵심 구성 요소가 되었다. 민족주의 사학은 새로운 국가가 자신을 설명할 수 있는 언어를 제공했고, 그 언어는 점차 공적 권력의 지위를 획득했다.

민족주의 사학이 제도화될 수 있었던 배경에는 조선의 구조적 실패가 놓여 있었다. 조선이 오랜 기간 변화하지 못하고 스스로의 제도에 갇혀 있었던 사실은 새로운 국가의 정통성을 세우는 데 걸림돌이 되었다. 조선이 실패한 체제였다는 사실을 그대로 인정할 경우, 해방 이후의 한국 사회는 조선을 계승한 공동체로서 자기 비판을 감당해야 했다. 이는 정치적으로도, 심리적으로도 부담스러운 과제였다. 그래서 새로운 국가는 조선의 실패를 구조적으로 검토하는 대신, 민족이라는 더 큰 상징을 통해 조선의 문제를 희석시키거나 덮어버리는 방식을 선택했다. 조선을 비판하기보다, 조선을 민족적 전통으로 재해석하는 서사가 필요했다. 이는 국가가 조선을 직접적으로 계승하지 않고도 조선과 감정적 연속성을 유지할 수 있는 방식이었다.

이렇게 민족주의 사학이 국가의 필요와 결합하면서 사학계는 단순한 학문 공동체에서 국가 제도 형성의 핵심 기관으로 변모했다. 연구자들은 역사 해석을 통해 국가의 정체성을 구성하는 역할을 맡게 되었고, 이는 학문 내부에 권력적 성격을 부여했다. 국가가 필요로 하는 서사, 국민에게 교육해야 하는 정체성, 국제 사회에 보여줘야 하는 '우리의 역사'라는 공식 서사는 모두 역사학자들의 손에서 만들어졌기 때문이다. 그 과정에서 '역사 연구'는 '정체성 생산'이라는 기능을 수행하게 되었고, 역사학은 국가의 정당성을 뒷받침하는 공적 기능을 수행하는 학문으로 자리 잡았다.

민족주의 사학의 제도화는 교육 체제와 결합함으로써 더욱 공고해졌다. 해방 이후 국가는 국민을 재교육해야 했다. 새로 만들어지는 국가가 국민에게 전달해야 하는 메시지는 단순한 정보가 아니라 정체성과 가치였다. 이 과정에서 역사 교육은 특별한 지위를 획득했다. 역사는 과거를 설명하는 동시에 현재의 정당성을 뒷받침하는 논리를 제공하는 학문이기 때문이다. 국가는 교과서를 통해 특정한 역사관을 국민에게 주입했고, 교과서 제작 기관은 민족주의 사학을 중심으로 구성되었다. 교육부, 국사편찬위원회, 대학 역사학과 등은 하나의 연속적 체계를 이루었고, 이 체계는 민족주의 사학의 해석을 공적 기준으로 만들었다.

이처럼 제도화된 역사관은 학문적 다양성을 억압하는 효과를 낳았다. 특정한 해석이 국가적 표준이 되는 순간, 그 해석은 검증의 대상이 아니라 신념의 대상이 된다. 민족주의 사학은 조선을 민족의 역사적 주체로 재해석했고, 조선의 구조적 한계보다는 민족의 지속성과 고유성에 집중했다. 이러한 관점은 조선에 대한 비판적 접근을 어렵게 만들었다. 조선의 구조적 실패는 '민족적 불운'으로 재해석되었고, 조선의 제도적 문제는 '외세의 방해'라는 이야기로 감정적으로 포장되었다. 이런 방식은 조선을 정확히 분석하는 능력을 약화시켰고, 민족주의적 감정이 역사 해석에 개입하는 것을 자연스럽게 만들었다.

제도적 권력으로 자리 잡은 민족주의 사학은 학문 내부에서도 독점적 지위를 갖게 되었다. 특정한 역사관을 중심으로 대학 교수들이 임용되고, 연구비가 배분되며, 학술 단체가 구성되었다. 이는 자연스럽게 특정한 네트워크를 형성했고, 이 네트워크는 자신들의 해석을 강화하는 방식으로 학문 구조를 재편했다. 민족주의 사학은 스스로를 '정통 역사학'으로 규정하고, 다른 사관을 주변으로 밀어냈다. 조선의 실패를 구조적으로 분석하려는 시도는 오랫동안 학계에서 인정받지 못했고, 오히려 사학 내부에서 비판적 시각을 견제하는 분위기가 만들어지기도 했다. 학문적 권력은 자유로운 탐구보다 제도적 안정성을 우선시했고, 그 결과 민족주의 사학이 학계의 중심에서 흔들리지 않도록 보장하는 권력 구조가 완성되었다.

민족주의 사학의 권력화는 조선에 대한 인식을 왜곡하는 효과를 낳았다. 조선의 실체는 복잡하고 구조적이다. 조선의 실패는 제도의 경직성, 사회 구조의 비효율성, 국제 질서에 대한 무지 등 복합적 요인에서 비롯된다. 그러나 민족주의 사학의 제도화는 이러한 복합적 요인을 설명하는 대신, 조선을 민족적 자산으로만 설명하거나, 조선의 한계를 '민족의 저항'이라는 서사를 통해 미화했다. 조선이 가진 구조적 결함을 분석하는 작업은 학문적으로도, 정치적으로도 어려웠다. 조선의 실패를 인정하는 것은 민족주의 서사의 기초를 흔드는 일이기 때문이다. 그래서 조선의 문제를 구조적으로 분석하려는 시도는 주변적 영역으로 밀려났다.

조선에 대한 비판적 연구가 제도적으로 자리 잡지 못한 이유는, 제도화된 민족주의 사학이 조선을 비판하는 작업을 '정통성 훼손'으로 여겼기 때문이다. 국가가 민족을 중심으로 세워졌고, 그 민족의 역사를 조선과 연결해 정당성을 구축했기 때문에, 조선을 비판하는 것은 국가 정당성에 의문을 제기하는 것으로 받아들여졌다. 이는 역사학 자체의 정치화를 심화시켰다. 역사학은 학문적 자율성을 잃고, 국가 정체성 유지라는 기능을 수행하는 관료적 기관처럼 변해갔다.

이러한 구조 속에서 학문 권력은 점점 더 공고해졌다. 특정한 해석을 유지하기 위해 연구자들은 자신들의 서사를 반복적으로 생산했고, 교과서는 이 서사를 표준으로 만들었으며, 대학은 이 표준을 재생산했다. 이는 일종의 순환 구조를 형성했다. 역사학자들이 만들어낸 민족주의 사관이 교과서로 들어가고, 이 교과서를 보고 자란 학생들이 다시 사학과에 진학해 같은 관점을 학습하며, 그 학생들 중 일부가 다시 역사학자가 되어 같은 해석을 강화하는 체계가 형성된 것이다. 민족주의 사학은 단순한 이론이 아니라 제도적 관성으로 굳어버렸다.

민족주의 사학이 구축한 해석 틀은 조선의 실제 모습을 이해하는 데 거의 도움이 되지 않는다. 조선은 분석의 대상이 아니라 민족적 상징으로 소비되었고, 그 구조적 약점은 감정적 언어로 덮였다. 조선의 실패는 차갑게 분석해야 할 역사적 사건이 아니라 극복해야 할 서사, 회복해야 할 자존심의 문제로 전환되었다. 이런 방식은 조선을 객관적으로 이해하는 길을 막고, 역사학을 구조 분석이 아니라 정체성을 생산하는 장치로 축소시켰다.

결과적으로 민족주의 사학의 제도화는 학문을 고립시키고, 조선의 실체를 흐리게 만들며, 한국 사회가 과거로부터 교훈을 얻는 능력을 약화시켰다. 조선의 실패는 반복 가능한 경고인데, 민족주의 사학은 이 실패를 미화하거나 제거함으로써 성찰의 가능성을 차단했다. 조선을 정확히 분석하는 역사학은 민족 감정과 충돌했고, 충돌할수록 주변으로 밀려났다. 역사가 학문 권력이 되는 순간, 그것은 진실을 탐구하기보다 기득권을 지키는 도구가 되었고, 해방 이후의 한국 역사학은 그 구조 속에서 작동했다.

따라서 제도화된 민족주의 사학을 넘어서는 첫걸음은 조선의 실체를 다시 분석하는 일이다. 조선의 실패를 구조적 문제로 파악하고, 그 교훈을 현대의 제도 설계에 재투입하는 역사학이 필요하다. 민족 감정을 충족시키는 이야기의 생산이 아니라, 구조적 성찰을 가능하게 하는 비판적 역사학이 등장할 때 지적 전환이 비로소 시작된다. 조선의 문제를 정확히 설명하는 역사학이야말로 민족주의 사학의 한계를 넘어서는 진정한 출발점이다.

3. 국가 건설기 '구원 서사'의 탄생

해방 이후 한국 사회가 가장 먼저 직면한 문제는 국가를 어떻게 세울 것인가가 아니라, 국가를 왜 세워야 하는가라는 정당성의 문제였다. 국가는 제도를 만들 수 있다. 법률을 제정하고 관료 조직을 구성하고 군대를 조직할 수 있다. 그러나 이러한 형식적 기반만으로는 국가가 성립하지 않는다. 국가가 존속하기 위해서는 구성원이 자발적으로 그 국가를 '우리의 것'이라고 인식해야 한다. 바로 이 지점에서 구원 서사가 등장한다. 이는 단순한 감동적 이야기나 민족 찬양이 아니라, 해방 직후의 혼란 속에서 국가가 스스로를 정당화하기 위해 만든 정치적·심리적 구조물이다.

해방은 한국 사회에 자유를 가져다줬지만, 동시에 방향을 잃어버린 진공 상태를 만들었다. 조선 왕조는 그 이전에 이미 붕괴했으며, 식민지 체제는 강제로 종료되었다. 그렇다고 새로운 국가의 정당성이 저절로 생겨난 것도 아니었다. 조선의 몰락은 내부의 실패에서 비롯된 것이고, 식민 통치는 외부의 강압에서 비롯된 것이니, 이 둘 사이에서 한국인은 어디에 자기 정체의 기반을 둘 수 있었을까. 바로 이 공백을 메운 것이 '구원 서사'이다. 구원 서사는 과거와 단절된 현재를 설명하고, 앞으로 만들어질 국가가 왜 존재해야 하는지를 설득하는 논리적 장치로 기능했다.

구원 서사의 출발점은 조선을 바라보는 시각에서 만들어진다. 조선은 실패한 국가였다. 조선은 스스로를 개혁하지 못했고, 국제 질서를 이해하지 못했으며, 사회 구조는 고착되어 있었다. 그러나 이 실패를 그대로 인정하면 해방 이후의 한국은 조선의 연속선상에 서 있는 공동체로서 거대한 책임을 떠안아야 한다. 이는 정치적 부담이자 심리적 불안의 원천이었다. 그래서 구원 서사는 조선을 실패한 체제로 분리하되, 그 실패의 원인을 조선 내부가 아닌 외부에 두는 방식으로 구성되었다. 조선의 몰락은 내부의 제도적 파탄 때문이 아니라 외세의 침략 때문이라는 설명이 반복되면서, 한국 사회는 조선의 구조적 문제를 분석하지 않고도 '우리는 억울했다'라는 정당성을 확보할 수 있었다.

구원 서사는 이 억울함을 단순한 감정이 아니라 정치적 자원으로 변환시킨다. 조선이 억울하게 망했다면, 해방 이후의 국가는 그 억울함을 풀어줄 새로운 주체가 된다. 조선이 하지 못했던 일을 대신 수행하고, 조선이 실패한 과제를 해결하는 존재로 스스로를 규정할 수 있다. 이는 단순한 과거 청산을 넘어 새로운 국가 정체성을 '구원의 수행자'로 설정하는 장치였다. 구원 서사 속에서 국가는 조선의 역사적 상처를 치유하고 민족을 재건할 의무를 지닌 존재로 등장한다. 국가는 구원의 자리에서 정당성을 확보했고, 국민은 그 서사를 받아들임으로써 공동체의 일원이 되었다.

이 과정에서 조선은 구원 서사의 도구가 된다. 조선은 분석의 대상이 아니라 구원 서사에서 대비 효과를 만들어 내는 배경으로 사용된다. 조선의 구조적 결함은 현실 그 자체로 연구되지 않고, 새로운 국가의 필요성을 보여주는 증거로만 제시된다. 조선의 무능은 현재 국토가 재건되어야만 하는 이유로 쓰였고, 조선의 폐쇄성은 새로운 국가가 반드시 개방적이어야 하는 이유로 사용되었다. 조선의 약점은 현재의 강점을 강조하는 장치가 되었으며, 조선의 실패는 새로운 국가의 정당성을 절대화하는 논리적 토대로 기능했다.

구원 서사가 힘을 갖게 된 또 하나의 이유는 국가가 스스로를 구원자로 설정할 때, 국민은 그 국가에 충성을 바칠 명분을 얻기 때문이다. 조선이 실패한 곳에서 국가는 성공해야 한다. 조선이 무너진 이유가 무능이나 구조적 문제였다고 인정하면 국가의 정당성은 흔들린다. 그러나 조선이 외부에 의해 억압되었고 내부적으로는 선한 민족 공동체였다고 설정하면, 국가는 그 선한 공동체를 보호하는 주체가 될 수 있다. 구원 서사는 국가가 구성원에게 '우리가 필요한 이유'를 설명하는 가장 손쉬운 방식이었다.

이런 구원 서사는 교육 제도와 결합할 때 폭발적인 효과를 발휘한다. 학교는 단순한 정보 전달 기관이 아니라, 정체성과 가치를 주입하는 공식적 장치다. 국가가 구원 서사를 뿌리 내리게 하려면, 교과서라는 통로가 필요했다. 교과서는 조선을 단순한 실패의 체제로 서술하지 않는다. 조선은 정체성과 전통의 보관 기관이며, 민족의 삶이 이어져 온 무대였다고 서술된다. 조선의 실패는 구조적 문제에서 비롯된 것이 아니라 외적 요인으로 인해 불가피했다는 설명이 따라붙고, 식민지 시기는 고통스러운 역사이지만 결국 구원을 향한 과정이라는 서사로 정리된다. 이렇게 구원 서사는 교육 체제 속에서 공고해지고, 국가의 정당성은 역사 교육을 통해 자연스럽게 정착되었다.

그러나 구원 서사가 강력해질수록 조선에 대한 분석은 왜곡될 수밖에 없다. 조선의 문제는 성찰의 대상이 아니라 구원을 위한 대비효과로만 사용되고, 조선의 무능은 국가의 등장과 권력 강화를 정당화하는 장식으로 배치된다. 그 결과 조선의 정치 체제, 경제 구조, 사회문화적 고착성처럼 근본적인 문제는 깊이 분석되지 못하고, 조선은 필요할 때만 호출되는 상징적 존재로 전락한다.

구원 서사는 국가 권력에 정당성을 부여하는 중요한 역할도 수행했다. 국가 건설 초기의 혼란스러운 환경에서 강력한 권력이 필요하다는 논리는, 조선의 실패를 부각할수록 더욱 설득력을 얻었다. 조선은 혼란과 낙후의 상징으로, 국가는 구원과 재건의 상징으로 설정되었고, 이 대비는 대중의 지지를 모으는 데 매우 효과적이었다. 국가가 자신을 '구원의 수행자'로 규정할수록 권력 집중은 자연스러운 흐름이 되었다.

이 같은 구조 속에서 조선에 대한 비판적 연구는 점점 자리를 잃어갔다. 조선의 구조적 문제를 정면으로 분석하는 시도는 국가의 정당성을 약화시키는 위험한 도전으로 간주되었고, 구원 서사를 흔드는 행위로 여겨졌다. 그래서 조선 연구는 민족 감정과 구원 서사에 부합하는 방향으로 제한되었으며, 조선의 문제를 둘러싼 학술적 성찰은 충분히 진전되지 못했다.

구원 서사는 해방 이후 한국 사회가 자신을 이해하는 방식을 결정지은 심리적·정치적 틀이었다. 조선을 정면으로 비판하기 어려웠던 사회는 조선을 미화하거나 감정적으로 재해석했고, 그 결과 국가 정당성을 구축하는 데 필요한 이야기만 남았다. 조선은 분석의 대상이 아니라 재조립 가능한 상징적 자원이 되었고, 이는 정치적으로는 편리했지만 학문적으로는 심각한 왜곡을 초래했다.

이제 필요한 것은 구원 서사가 만들어낸 환상을 걷어내고 조선을 다시 분석의 중심으로 돌려놓는 일이다. 조선의 실패를 구조적으로 이해하는 작업이야말로 새로운 국가의 정당성을 더욱 견고하게 만드는 길이다. 구원 서사는 조선을 이용했지만, 분석은 조선을 회복한다. 구원 서사를 넘어서는 순간 조선은 다시 구체적 역사로 돌아오고, 우리는 그 실체를 통해 미래 제도 설계를 위한 진짜 교훈을 얻을 수 있다.

4. 반공·산업화·민주화: 동일 민족, 서로 다른 시대의 서사

해방 이후 한국 사회는 반공·산업화·민주화라는 서로 다른 시대적 요구를 하나의 민족 서사 아래 묶어내는 작업을 수행했다. 이러한 재편 과정은 단순한 정치적 선택이 아니라, 조선이 남긴 구조적 공백을 메우기 위한 집단적 조정이었다. 조선이 남긴 문제는 단순한 역사적 실패가 아니라, 근대 국가가 요구하는 제도적 기반을 만들어내지 못한 깊은 뿌리의 결함이었다. 그 결함을 직면하는 대신, 새로운 국가는 서로 다른 서사를 민족이라는 상징으로 통합하는 방식을 택했다. 민족이라는 말은 시대마다 다른 목적을 수행하면서도 감정적 공명력을 유지할 수 있었기 때문에 가장 편리한 도구였다.

반공 서사는 이러한 통합 작업에서 가장 먼저 등장한 이야기다. 반공은 단순히 냉전의 산물이 아니라 조선의 군사적 무기력을 뒤집기 위한 전략적 재서사화였다. 조선은 스스로를 방어할 수 있는 군사 체제도, 안보를 장기적으로 설계할 외교적 시야도 갖추지 못했던 국가였다. 그러나 이러한 결함을 그대로 인정하면, 새 국가가 조선을 계승했다는 사실 자체가 부담이 된다. 이때 반공 서사는 조선의 무능을 분석하는 대신, 조선이 외세에 의해 일방적으로 희생되었다는 설득력 있는 이야기로 전환했다. 이렇게 조선의 실패는 구조적 결함이 아니라 '민족이 겪은 억울함'으로 변형되었고, 해방 이후 국가는 그 억울함을 해결해야 하는 구원자로 등장했다.

반공 서사의 힘은 조선의 결함을 감정의 영역으로 밀어내는 데 있다. 조선의 군사적 약점은 분석의 문제가 아니라 민족적 비극으로 재배치되었고, 국가가 강력한 안보 체제를 구축해야 한다는 명분이 자연스럽게 형성되었다. 조선의 실패는 국가 권력을 강화하는 근거가 되었고, 이는 한국의 초기 정치 체제가 권위주의적 형태를 취하도록 만드는 데 결정적인 역할을 했다. 반공은 조선의 구조적 문제를 지워버린 대신, 감정적 단결을 불러오는 데 성공했다.

산업화 서사는 반공 서사가 만들어놓은 틀 위에서 등장한 또 하나의 전환된 이야기다. 조선은 기본적으로 기술적·경제적 혁신이 이뤄지기 어려운 사회 구조를 갖고 있었다. 상업은 제약되었고, 기술은 사회적 지위를 높여주지 않았으며, 경제 활동은 신분적 규제 속에 제한되었다. 그러나 이러한 현실을 인정하면 한국 사회는 조선을 뿌리로 하는 공동체로서 근본적 반성을 피해갈 수 없다. 산업화 서사는 바로 이 부담을 완화시킨다. 산업화의 성공은 조선의 실패를 지적하는 대신, 조선의 무기력을 극복한 '민족적 도약'으로 재서사화되었다.

산업화 서사는 조선의 구조적 결함을 보완하는 국가적 개입이 마치 민족의 잠재력을 이끌어낸 것처럼 설명한다. 조선은 정체된 과거이고, 산업화는 민족의 숨겨진 능력이 발현된 현재라는 구조다. 이 서사는 산업화의 과정에서 발생한 사회적 희생이나 왜곡을 감추는 기능을 하기도 했다. 중요한 것은 산업화 그 자체의 내용보다, 산업화가 조선의 결함을 덮고 국가 정당성을 확보하는 서사적 틀로 사용되었다는 사실이다. 조선이 왜 변하지 못했는지 따지는 질문은 뒤로 밀려났다.

민주화 서사는 산업화와 또 다른 층위에서 작동했지만, 여전히 조선의 구조적 문제를 직접적으로 분석하는 대신 상징의 차원에서만 다루는 경향을 강화했다. 조선은 정치권력이 특정 계층에 고착된 사회였다. 제도는 개혁의 통로를 제한했고, 국가 운영은 폐쇄적이었다. 그러나 민주화 서사는 이러한 정치적 경직성을 구조적으로 분석하기보다는, 시민의 의지를 통해 극복해야 할 억압의 유산으로 단순화했다. 조선의 정치적 구조는 충분히 해부되지 않은 채, 민주화라는 드라마틱한 투쟁의 배경으로만 제시되었다.

민주화 서사는 조선의 제도적 실패를 다루는 대신, 민주적 가치가 민족 내부에 오랫동안 잠재되어 있다가 마침내 폭발했다는 식의 상징적 이야기를 적극 활용했다. 이는 민주화의 성취를 감정적으로 고양시키는 데는 효과적이었지만, 조선의 정치 체제가 왜 변화하지 못했는지, 조선 내부에서 개혁이 지속적으로 좌절된 이유가 무엇인지 설명하는 데는 거의 기여하지 못했다. 다시 한 번 조선의 실체는 서사의 그림자 뒤로 사라졌다.

이 세 서사는 서로 충돌하는 것처럼 보이지만, 하나의 공통된 구조를 갖고 있다. 바로 조선의 구조적 문제를 분석의 대상에서 제외하고, 조선을 민족적 상징의 하위 요소로만 활용한다는 점이다. 반공은 조선의 무기력을 희생의 서사로 바꾸고, 산업화는 조선의 경제적 실패를 민족의 도약으로 대체하며, 민주화는 조선의 정치적 경직성을 시민의 각성이 극복해야 할 배경으로만 설정한다. 이렇게 조선은 각 서사가 필요로 할 때마다 다른 얼굴로 등장하지만, 그 어느 서사에서도 조선은 실제 역사적 실체로 다뤄지지 않는다.

문제는 이러한 서사적 재구성이 한국 사회의 역사적 성찰 능력을 지속적으로 약화시킨다는 점이다. 조선의 문제를 정확하게 분석하지 않으면, 조선이 남긴 제도적 습관과 사고방식이 현대 사회에서 어떤 방식으로 재현되는지 이해하기 어렵다. 조선의 경직성은 특정 시기의 문제가 아니라 현대 정치문화에도 잔존하는 구조적 특성이다. 그러나 민족 서사는 이러한 문제를 직시하는 대신 감정적 통합과 정치적 정당성 확보에만 집중한다. 그 결과 조선의 분석은 계속 지연되고, 조선에서 비롯된 제도적 유산은 비판 없이 지속된다.

민족이라는 말은 반공·산업화·민주화라는 서로 다른 시대적 요구를 하나의 이야기로 엮어주는 접착제 역할을 했다. 그러나 이 접착제는 조선을 제대로 보지 못하게 만드는 부작용도 동시에 낳았다. 조선은 민족 서사의 출발점이자 대비효과로만 사용되며, 실체적 분석의 기회를 잃었다. 조선이 왜 실패했는지, 조선이 왜 변화하지 못했는지, 조선이 왜 외부 세계와 단절되었는지는 여전히 근본적 방식으로 다뤄지지 않았다.

반공·산업화·민주화의 서사를 넘어 새로운 역사 이해로 나아가기 위해서는, 민족이라는 상징이 만들어낸 단일한 이야기 구조에서 벗어나야 한다. 조선은 감정적 상징이 아니라 분석적 대상이어야 한다. 조선의 약점은 한국 사회가 반복하지 않아야 할 중요한 교훈이지만, 지금까지 조선은 서사적 장식으로만 소비되었다. 조선의 실체를 다시 불러내면, 20세기 이후의 한국 서사도 새로운 빛에서 재구성될 수 있다.

세 서사를 하나의 민족 이야기로 묶어낸 이전 시대의 방식은 정치적으로는 유용했지만, 학문적 진실을 흐렸다. 이제 필요한 것은 감정적 통합의 서사가 아니라, 구조적 분석의 역사학이다. 조선을 실체로 바라보는 작업이야말로 반공·산업화·민주화 이후의 시대가 새롭게 구축해야 할 지적 기반이다. 민족이라는 이름은 조선을 보호하는 방패였지만, 동시에 조선을 이해하지 못하게 만든 장막이기도 했다. 그 장막을 걷어낼 때 비로소 조선은 역사의 무대에서 실체를 드러내고, 한국 사회는 과거의 유산을 미래의 자산으로 전환할 수 있게 된다.

5. 교과서가 만들어낸 감정 구조와 역사 인식

교과서는 단순한 지식 전달 도구가 아니다. 교과서는 한 사회가 스스로를 어떻게 이해하기를 바라는지, 그리고 미래 세대가 어떤 정체성으로 성장하기를 원하는지를 드러내는 가장 압축된 형태의 정치적·문화적 문서다. 해방 이후 한국 사회에서 교과서는 특히 더 강력한 의미를 갖는다. 국가가 막 재건되는 시기였고, 조선이 남긴 제도적 기반이 거의 붕괴된 상황에서 새로운 공동체를 형성하기 위해서는 과거를 다시 서술해야 했다. 바로 이 지점에서 교과서는 국가의 서사를 주입하는 핵심 장치가 되었다.

조선을 둘러싼 구체적이고 복잡한 역사적 사실은 교과서라는 틀 안에서 단순화되었고, 단순화된 내용은 감정적 해석과 결합했다. 그 결과 교과서는 사실을 전달하는 게 아니라, 특정한 감정 구조를 국민의 인식 속에 심는 장치로 기능했다. 이 감정 구조는 나중에 국가주의, 민족주의, 피해의식, 승리 서사 등 다양한 방향으로 확장되며 한국 사회의 역사 인식을 결정적으로 형성했다.

해방 직후 교과서가 직면한 가장 큰 문제는 조선을 어떻게 설명할 것인가였다. 조선은 실패한 체제였고, 근대 세계의 흐름을 전혀 이해하지 못한 채 스스로의 제도에 갇혀 무너졌다. 그러나 이 역사적 사실을 그대로 기술하면 새로운 국가의 정통성은 취약해질 수밖에 없었다. 그래서 교과서는 조선을 실패의 원인으로 분석하기보다는, 조선을 민족의 영속성을 유지한 공간으로 재해석하는 길을 택했다. 조선이 실패한 이유는 구조적 문제에서 찾기보다는, 외세의 침략이나 국내 배신 세력 같은 감정적 요소에 집중하는 방식으로 흐름이 바뀌었다.

이러한 서술 방식은 조선의 구조적 결함을 직시하지 못하게 만들었다. 교과서는 조선 사회의 경직성, 기술 정체, 국제 감각의 부재, 제도의 고착성 같은 핵심 문제를 설명하기보다, 조선이 외부의 침략을 받아 무너진 비극의 주체로 묘사했다. 이러한 설명은 조선의 내부 결함을 흐리며, 대중이 조선을 비판적 시각으로 바라보지 못하도록 만들었다. 감정적 비극 서사는 역사적 분석을 대체했고, 조선은 냉정한 평가의 대상이 아닌 동정이나 분노의 대상이 되었다.

교과서가 감정을 심는 또 하나의 방식은 '민족'이라는 단어의 반복적 호출이었다. 교과서는 조선을 민족의 삶과 전통이 이어져 온 무대로 제시했고, 조선의 역사적 문제를 민족의 불운이라는 말로 두루뭉술하게 처리했다. 조선의 제도적 한계, 사회 구조의 비효율, 근대적 전환을 가로막은 문화적 습관 등은 자세히 취급되지 않았다. 그 대신 '민족은 오래전부터 외세의 위협을 견뎠다'라는 식의 감정적 문장이 빈틈을 채웠다. 이러한 방식은 사실을 전달하는 것이 아니라 감정을 전달했다. 조선은 민족의 보호자가 되었고, 민족은 다시 국가의 정당성을 부여하는 매개가 되었다.

교과서 교육의 또 다른 특징은 피해 서사를 중심에 놓았다는 점이다. 조선이 외세에 의해 착취되었다는 설명은 사실 일부는 맞지만, 전체 서사를 구성하는 방식에서는 문제가 있다. 피해 서사가 강조되는 순간, 조선의 실패는 외부 요인 탓으로 밀려난다. 내부 문제와 외부 압력을 구분해야 하는데, 교과서는 두 요소를 감정의 차원에서 결합해버렸다. 그 결과 조선의 구조적 결함을 이해할 기회는 사라지고, 피해의식이 집단 정체성의 핵심으로 남게 된다. 이러한 감정 구조는 이후 한국 사회에서 일본에 대한 태도, 국제 관계 인식, 자주성 담론 등 광범위한 영역에 영향을 미쳤다.

반대로 교과서는 조선 내부의 책임을 강조하지 않았다. 조선의 몰락은 단순한 침략 때문이 아니라, 제도의 경직성과 국가 역량의 결손 때문이었다.

그러나 이러한 분석은 교과서에서 거의 찾아보기 어렵다. 조선의 지배 엘리트가 변화에 무감각했던 이유, 경제 구조가 혁신을 억압한 방식, 기술 발전을 가로막은 관료주의적 판단 등은 학생들이 배울 수 있는 내용에 포함되지 않았다. 조선을 냉정하게 이해하기 위해 필요한 것은 구조적 분석인데, 교과서는 감정적 위로를 제공하는 방향으로 선택지를 좁혔다.

교과서가 만들어낸 감정 구조는 학생들의 역사 인식 형성에 강력한 영향을 미쳤다. 감정은 논리보다 먼저 자리 잡고, 한 번 자리 잡으면 분석을 어렵게 만든다. 조선은 비극의 주인공으로, 민족은 끊임없이 시련을 견뎌 온 존재로, 국가는 그 민족을 구원하는 주체로 인식된다. 이 틀 속에서는 조선의 실수를 비판하거나 조선의 구조적 문제를 드러내는 일이 자연스럽게 억제된다. 비판이 필요한 분야에서 감정이 우선되며, 분석이 필요한 지점에서 정서적 단정이 개입한다.

이런 감정 구조는 교과서가 사실을 생략했기 때문에 생긴 문제가 아니라, 교과서가 사실을 감정의 방향으로 재배치했기 때문에 생긴 문제다. 교과서는 조선의 모습을 완전히 왜곡하지는 않았지만, 조선을 바라볼 때 어떤 감정을 가져야 하는지를 미묘하게 유도했다. 이는 학생이 나중에 학문적으로 더 높은 단계에 올라가더라도 구조적 분석보다 감정적 해석을 신뢰하는 경향을 강화한다.

감정 구조는 또 하나의 파급 효과를 낳는다. 바로 '예외 없는 민족 공동체'라는 착각이다. 교과서가 조선을 단일한 문화적·정서적 공간으로 묘사하면, 학생들은 조선 사회 내부의 계층적 갈등, 지역 불균형, 권력적 지배 방식 등을 제대로 이해하지 못한다. 조선은 하나의 민족적 덩어리처럼 기술되지만, 실제 조선은 매우 복잡한 권력 구조와 지역적 불평등이 존재한 사회였다. 이런 내적 복잡성이 제거된 조선 이미지 속에서, 민족은 하나의 감정적 단위로 단순화된다.

그 결과 한국 사회는 역사적 문제를 실제 구조의 문제로 보지 않고, 감정적 연대나 외적 대립의 문제로만 해석하는 경향을 갖게 된다. 조선의 실패를 구조적 원인으로 분석하기보다, 민족의 시련이라는 감정적 틀로 재해석하게 되는 것이다. 이는 한국 사회의 자기 이해 능력을 약화시키는 방향으로 작동한다. 조선이 왜 근대화에 실패했는지, 조선의 제도적 경직성이 어떤 방식으로 작동했는지, 국가가 어떻게 사회적 역동성을 억압했는지 등 중요한 질문들이 감정적 해석 속에서 묻혀버린다.

교과서 서술이 만들어낸 감정 구조는 국가 권력과도 긴밀히 연결된다. 국가가 원하는 서사는 감정적 정당성이 있어야 국민에게 설득력이 생긴다. 따라서 교과서는 현실의 조선이 아니라 국가 서사에 필요한 조선을 재현한다. 조선은 민족이 이어져온 공간으로 설정되고, 국가는 조선의 미완의 과제를 계승한 존재로 등장한다. 이러한 재구성은 정치적 안정에는 도움이 되지만, 역사적 이해에는 치명적인 장애물이 된다.

조선을 정확히 이해하기 위해서는 교과서가 만들어낸 감정 구조를 걷어내야 한다. 조선은 민족의 상징이 아니라 실제 존재했던 복잡한 사회이며, 구체적 제도와 권력 구조를 가진 역사적 체제였다. 조선의 실패는 민족의 시련이 아니라 체제의 결함이었다. 이러한 사실을 감정의 장막 뒤에 숨겨두는 한, 한국 사회는 과거로부터 제대로 배우기 어렵다. 조선을 분석하는 작업이 억압되면, 조선에서 비롯된 문제는 그대로 현재에도 반복된다.

교과서가 만들어낸 감정적 조선은 위로를 제공하지만, 성찰을 가로막는다. 감정은 단기적으로 안정감을 줄 수 있으나, 장기적으로는 현실 인식을 왜곡하고 비판적 사고를 약화시킨다. 조선에 대한 감정적 동정이나 분노는 역사적 통찰을 제공하지 못한다. 오히려 조선을 정확하게 이해할 기회를 빼앗는다. 그렇기 때문에 교과서 서술을 넘어서는 새로운 역사 인식이 필요하다. 감정이 아닌 분석, 상징이 아닌 구조, 위로가 아닌 진실에 기반한 역사학이 자리 잡아야 한다.

조선을 정확히 이해하려면 감정 구조를 교정해야 하고, 감정 구조를 교정하려면 교과서 서술의 틀을 재편해야 한다. 학생들이 과거를 보는 방식은 감정이 아니라 사실에 기반해야 하며, 조선은 민족의 상징이 아니라 반성의 대상이어야 한다. 한국 사회가 조선을 다시 바라보는 일은 교과서 서술을 재구성하는 과정과 맞물려 있으며, 그 과정이 이루어질 때 비로소 조선의 실패가 우리에게 실질적인 교훈이 된다.

6. 민족이 국가를 먹고 들어가는 순간

국가가 민족을 바탕으로 서사를 구성하는 일은 어느 사회에서나 존재한다. 그러나 해방 이후 한국 사회에서 일어난 현상은 단순한 정체성 형성을 넘어, 민족이 국가를 잠식하는 독특한 구조로 발전했다. 국가가 민족에게 정당성을 부여하는 것이 아니라, 민족이라는 이름이 국가를 규정하고 지배하는 방향으로 관계가 역전된 것이다. 이 순간부터 국가는 제도적·정치적·역사적 판단을 독립적으로 수행하는 대신, 민족 감정의 하위 종속물로 기능하게 된다. 그리고 이러한 구조는 조선을 제대로 평가하지 못하게 만드는 거대한 장애물로 자리 잡는다.

민족이 국가를 먹어버리는 과정의 출발점은 조선을 바라보는 방식에서 시작된다. 조선은 근대적 국가 체제를 갖추지 못한 채 오랫동안 자신 안에 갇혀 있던 사회였다. 그러나 이 사실을 그대로 인정하는 순간, 해방 이후 국가의 정당성은 불안정해진다. 조선이 실패한 체제였다면, 그 체제를 계승한 한국 역시 근본적 반성이 필요하기 때문이다. 이를 피하기 위해 국가 서사 속에서 조선은 민족의 집단적 삶이 오랜 시간 유지된 문화적 공간으로 재해석되었다. 이렇게 조선은 체제가 아니라 '민족이 거주한 터전'으로 바뀌었고, 조선의 문제는 구조적 결함이 아니라 외적 고난이라는 감정적 해석으로 대체되었다.

이 지점에서 국가와 민족의 관계는 미묘하게 뒤틀린다. 국가는 과거의 실패를 분석하고 극복하는 위치에 있어야 한다. 그러나 조선을 비판적으로 평가하지 못한 채 민족적 감정에 기대기 시작하면, 국가는 민족의 감정에 예속되기 시작한다. 조선의 실패를 구조적 문제로 다루지 못하면서, 국가는 조선을 평가할 권위는 잃고, 민족 감정의 관리자로 전락한다. 민족이 국가 위에 올라서는 첫 순간이다.

민족이 국가를 먹어치우는 또 다른 방식은 역사 해석의 방향이 민족 감정에 의해 좌우될 때 나타난다. 조선을 냉정하게 분석하려는 시도는 종종 '민족을 모욕한다'는 식의 비난을 받는다. 국가가 조선을 분석할 능력을 갖고 있음에도 불구하고, 민족 감정은 조선을 보호해야 하는 상징적 유산으로 만들었고, 국가의 역사 해석은 독립성을 잃게 되었다. 조선의 구조적 실패를 밝히려는 시도는 곧 민족 정체성을 부정하는 행위로 간주되어 금기시된다. 이렇게 국가가 해야 할 분석적 작업이 민족 감정에 의해 차단되면서, 국가는 민족 서사의 수호자로만 기능하게 된다.

이 과정에서 국가 정책도 민족 감정의 논리로 포장된다. 국가가 특정한 정책을 추진할 때 '민족적 과제'라는 말은 언제든 동원될 수 있고, 이는 정책의 실패 가능성을 냉정하게 검토해야 할 국가의 역할을 흐린다. 민족이라는 이름은 합리적 논의를 덮고, 정치적 판단의 기준을 모호하게 만든다. 이때 민족은 단순한 정체성의 틀을 넘어, 논리와 제도를 대신하는 감정적 기준이 되어 버린다.

민족이 국가를 삼키는 현상은 교육 체제에서도 뚜렷하게 나타난다. 학교 교육은 국가의 정체성을 설명하는 공간이어야 하지만, 한국의 교과서는 조선을 정체성의 근간으로 만든 민족 중심 서사를 반복해 왔다. 조선의 문제는 구조적이었음에도 불구하고, 교과서에서는 민족적 희생과 일제의 압박에 초점을 맞추는 방식으로 서술되었다. 그 결과 학생들은 국가 제도와 권력 구조의 분석적 이해를 기르지 못하고, 감정적 민족 의식을 먼저 습득한다. 이러한 교육은 국가의 판단을 민족 감정에 종속시키는 미래의 시민을 양산하게 된다.

민족이 국가를 압도하는 현상이 강화되면, 국가는 제도적 문제를 스스로 해결하는 대신 민족 감정의 동원을 선택하게 된다. 조선 후기의 문제들이 제도적 구조에서 비롯된 것임에도 불구하고, 민족 감정이 강조되면 조선의 실패는 '우리 민족이 겪은 시련'으로 둔갑한다. 이렇게 분석이 사라지고 감정만 남은 상태에서 국가는 민족적 분노와 자존심을 이용해 자신을 정당화한다. 국가가 스스로의 구조적 문제를 해결하는 대신 감정적 동원에 의존하는 순간, 국가의 기능은 축소되고 민족 감정은 확대된다.

이런 구조적 왜곡의 결과로 한국 사회에서는 민족이 국가 위에 군림하는 가치 체계가 형성되었다. 국가는 합리적 판단보다 감정적 공감대를 우선해야 하고, 정책은 사회적 분석보다는 민족적 상징과 결합될 때 정당성을 얻는다. 이 과정에서 조선의 역사적 문제를 직시하는 일은 더욱 어려워졌다. 조선의 폐쇄성, 제도의 경직성, 사회적 역동성의 부족 등은 한국 사회가 반드시 이해해야 할 중요한 교훈이었지만, 민족 감정 중심의 역사 인식은 이러한 구조적 진단을 항상 뒷전으로 밀어냈다.

민족이 국가를 먹어버리는 현상의 가장 심각한 측면은 국가가 감정적 정체성의 봉사 기관이 되어버린다는 점이다. 국가는 제도적 개혁을 추진하기보다 민족 감정에 적합한 방향으로 정책을 구성하게 되고, 이에 따라 정책의 효과보다 감정적 정당성이 우선되는 현상이 나타난다. 이는 조선이 국가로서 실패했던 구조와 유사한 점을 갖는다. 조선은 제도보다 명분을 중시했고, 정책보다 상징을 우선했다. 현대 사회에서 민족 감정이 국가의 판단 위에 올려놓아지는 순간, 조선이 남긴 구조적 문제는 오히려 재현되기 쉽다.

민족이 국가를 압도하는 현상은 외교 정책에서도 확인된다. 국가의 외교는 이익과 전략을 기반으로 이루어져야 하지만, 한국 사회에서 일본 문제와 관련해 나타나는 감정적 반응은 민족 감정이 국가 이익을 압도하는 대표적 사례로 볼 수 있다. 제도적 판단이 민족 감정에 눌리면서, 조선이 국제 정세를 오해하고 외교적 고립을 자초했던 문제와 비슷한 패턴이 되풀이된다. 이는 민족 감정이 국가적 판단을 압도할 때 나타나는 구조적 위험을 단적으로 보여준다.

민족이 국가를 먹어버리는 현상이 강화될수록, 조선에 대한 진지한 분석은 더욱 어려워진다. 조선을 냉정하게 분석하는 작업은 민족 정체성에 충돌하는 일로 간주되기 때문이다. 조선의 구조적 문제를 드러내면 민족 서사가 흔들리고, 민족 서사가 흔들리면 국가 정당성이 흔들리는 구조가 만들어졌다. 이런 상황에서는 국가조차 조선의 문제를 제대로 드러내려 하지 않고, 학문적 성찰은 정치적 부담으로 전환된다.

결국 민족이 국가를 먹어버리는 순간, 역사는 감정의 언어로만 소비되고 제도는 감정적 명분에 종속된다. 이렇게 되면 국가는 조선이 걸었던 길을 반복할 위험을 안게 된다. 조선은 스스로의 문제를 제도적 개혁으로 해결하지 못했고, 감정적 명분에 갇혀 변화의 계기를 잃었다. 한국 사회가 민족 감정을 국가 운영의 기준으로 삼는다면, 조선의 실패에서 벗어나기 어렵다.

국가가 민족에 종속되지 않기 위해서는 조선을 제대로 분석해야 한다. 조선의 실패가 민족의 고난이 아니라 제도의 문제였다는 사실을 받아들여야만, 민족이 다시 국가 위로 올라타는 일을 막을 수 있다. 국가가 제 역할을 하려면 감정이 아니라 분석을 중심에 두어야 하고, 민족은 국가의 근원이 아니라 하나의 문화적 자원으로 재정립되어야 한다.

민족이 국가를 지배하는 순간, 역사는 기능을 잃고 제도는 왜곡된다. 감정의 지배에서 벗어나 조선을 다시 이해하려는 시도만이, 국가가 민족의 그림자에서 벗어나 스스로의 제도적 능력을 회복하는 길이 될 것이다.

7. 역사학이 정치권력에 봉사하는 메커니즘

역사학은 본래 과거를 분석하는 학문이지만, 정치권력과 결합되는 순간 그 기능은 완전히 달라진다. 권력은 역사를 사실의 기록으로 다루지 않고, 통치의 도구로 재편한다. 이때 역사는 과거를 설명하는 언어가 아니라, 현재의 권력을 정당화하기 위한 체계가 된다. 해방 이후 한국 사회에서 역사학이 정치권력에 흡수된 과정은 단순한 왜곡이나 오용의 문제가 아니라, 조선이 남긴 구조적 약점을 감추기 위한 집단적 선택의 결과이기도 하다. 조선을 정확히 분석하는 일은 국가의 정통성과 직결되기 때문에, 권력은 조선을 사실대로 바라보는 대신 감정과 명분을 중심으로 재서술하는 방식을 택했다.

해방 직후의 상황을 돌아보면, 국가 재건을 위해 필요한 것은 제도적 근거와 정치적 안정이었다. 그러나 조선은 이 두 가지를 제공할 기반이 되지 못했다. 조선의 제도는 이미 시대적 효력을 잃었고, 사회는 오랜 기간 경직된 신분 구조와 관료 체제 속에서 정체되어 있었다. 이러한 현실을 그대로 인정하면 새로운 국가의 권위는 약해질 수밖에 없었다. 따라서 권력은 조선을 냉정하게 평가하기보다, 민족의 뿌리가 서린 공간으로 재해석했다. 이 지점에서 역사학은 분석이 아니라 포장, 구조가 아니라 감정의 언어에 예속되기 시작했다.

정치권력이 역사학에 개입하는 첫 번째 방식은 과거의 선택적 강조다. 조선의 모순과 실패를 정면으로 다루는 것은 국가의 정당성을 약화시킬 위험이 있다. 그래서 권력은 조선의 문제를 체제의 결함이 아니라 외부의 억압이나 불운한 환경 탓으로 돌리는 서사를 구축했다. 조선이 왜 근대화에 실패했는지, 어떤 제도적 습관이 사회 발전을 가로막았는지 같은 질문은 권력이 원하는 방향과 충돌했다. 결국 역사학은 조선의 현실을 구조적으로 분석하기보다, 조선이 겪은 고난을 감정적으로 서술하는 방식으로 이동했다.

두 번째 방식은 복합적 현실의 단순화다. 역사적 사건은 여러 요인이 얽힌 복잡한 구조를 갖고 있다. 그러나 정치권력은 복잡성을 싫어한다. 복잡성은 해석의 다양성을 낳고, 다양성은 권력의 통제력을 약화시키기 때문이다. 따라서 역사학은 정치에 동원되기 위한 순간부터 단순화의 길을 걸었다. 조선 사회의 제도적 정체는 단순한 외세 침략과 대비되는 '민족적 시련'이라는 말로 통합되었다. 구조적 분석을 삭제한 자리에는 감정적 구호가 들어섰고, 이 구호는 대중을 단일한 방향으로 동원하는 데 매우 효과적이었다. 이렇게 조선의 역사적 실체는 모호한 민족 서사 속으로 흡수되었다.

세 번째 방식은 정치적 필요에 따라 학문적 기준을 변형하는 전략이다. 정치권력은 학문이 독립적으로 사고하는 것을 부담스러워한다. 학문적 판단이 정치적 논리와 충돌할 경우 권위가 흔들리기 때문이다. 그래서 역사학은 점점 정치의 감정 구조에 적합한 언어만을 사용하도록 강요받았다. 조선의 폐쇄적 제도, 경제적 무능, 사회적 역동성 부족 등은 사실 중요한 연구 주제지만, 국가의 서사와 어긋나는 지점에서는 자연스럽게 배제되었다. 연구자들이 조선 내부의 문제를 지적하면 정치적 오해를 살 가능성이 존재했고, 그런 위험을 피하려는 선택이 반복되면서 학문적 자율성은 약해졌다.

네 번째 방식은 교육제도와 맞물린 대규모 재생산 체계의 구축이다. 권력이 하나의 역사 관점을 공고히 하기 위해 가장 강력하게 이용한 수단은 교육이었다. 교과서가 특정 서사를 반복하면, 학교는 그 서사를 사회 전체에 확산시키는 장치가 된다. 학생들은 비판적 분석보다 정서적 해석을 먼저 배우게 되고, 이후 성인이 되어서도 동일한 감정 구조를 유지하는 경향이 강해진다. 이때 역사학은 감정의 조율사처럼 기능하며, 조선의 실패는 분석 대상이 아닌 감정의 재료가 된다. 이렇게 교육은 조선을 비판적으로 바라볼 눈을 길러주지 못하고, 국가가 원하는 정체성을 각인시키는 방향으로 움직였다.

정치권력이 역사학에 개입하는 다섯 번째 방식은 국가 정당성을 강화하기 위한 서사적 조작이다. 국가는 자신을 안정적으로 유지하기 위해 명분을 필요로 한다. 그런데 조선은 국가의 명분을 제공하기보다는 오히려 부담을 준다. 국가가 스스로를 조선의 계승자로 규정할 경우, 조선의 실패를 책임 있게 분석해야 하는 의무가 생기기 때문이다. 그러나 이러한 작업은 사회적 저항과 정치적 불편을 유발할 수 있다. 그래서 조선은 국가 정당성을 강조하기 위한 서사 속에서 재포장되었다. 조선의 실제 모습이 아닌, 국가가 필요로 하는 조선이 등장한 것이다.

여섯 번째 방식은 정치적 편의에 따라 민족 감정을 증폭시키는 메커니즘이다. 감정은 사실보다 강력하다. 감정은 논리적 분석을 막고, 조선의 문제를 차분히 들여다보는 일도 방해한다. 권력은 이를 잘 알고 있었고, 민족 감정을 정치적 단결을 위한 도구로 활용했다. 감정적 단결은 정치적 효율성을 높인다. 그러나 그만큼 역사학은 감정의 논리에 예속되고, 조선의 구조적 분석은 더욱 멀어진다. 이렇게 감정이 역사학을 잠식하는 순간, 학문은 더 이상 과거를 연구하지 않고, 현재의 권력을 뒷받침하는 선전적 장치로 변한다.

일곱 번째 방식은 비판적 연구의 위축이다. 조선에 대한 비판적 연구는 국가 정체성을 흔들 수 있고, 대학·언론·여론 등에서 정치적 부담을 유발할 수 있다. 연구자들은 스스로 조심하게 되고, 조선을 긍정적인 문화적 공간으로

만 묘사하는 방향으로 논문과 저서를 정리한다. 조선의 약점이나 문제점은 자연스럽게 소거된다. 역사를 비판적으로 다루는 학문적 태도가 위축되면서, 역사학은 체제의 고착을 돕는 이념적 도구로 변질된다.

결국 정치권력이 역사학을 장악하는 핵심 원리는 단순하다. 역사는 권력에게 불편한 진실을 드러낼 힘을 가진 학문이기 때문에, 권력은 그 힘을 통제하려 한다. 해방 이후 역사학이 조선을 분석하는 능력을 잃어버린 것은 우연이 아니라, 국가가 역사학에 요구한 역할이 분석이 아니라 정당화였기 때문이다. 이 과정에서 조선은 비판의 대상이 아닌 신화의 재료로 변했고, 조선의 구조적 실패는 감정적 민족주의 속에 묻혀버렸다.

이런 상태에서는 국가도 발전할 수 없다. 조선을 정직하게 평가할 능력이 없는 사회는 자기 자신의 문제를 인식할 능력도 약하다. 제도가 왜 굳어지는지, 국가가 왜 때때로 비효율과 부패에 빠지는지, 집단주의가 왜 쉽게 감정적 동원으로 흐르는지 같은 현실 문제들은 모두 조선에서 비롯된 구조적 유산과 연결된다. 그런데 역사학이 그 유산을 분석하기를 거부하면, 사회는 같은 문제를 반복한다. 조선이 실패했던 이유를 해부하지 않는다면, 현대 국가는 조선이 걸었던 길을 되풀이할 가능성이 훨씬 커진다.

정치권력에 종속된 역사학은 단기적으로는 사회적 통합에 도움이 되는 것처럼 보일 수 있다. 서사는 사람들을 하나로 모으고, 감정은 정체성을 강화한다. 그러나 장기적으로는 국가의 판단 능력을 약화시키고, 제도 개혁의 동력을 빼앗는다. 국가가 감정적 정체성에 의존할수록, 사실에 기반한 정책 결정은 어려워진다. 조선이 명분과 감정에 갇혀 제도적 개혁을 놓친 것처럼, 현대 사회 역시 감정의 서사에 갇혀 구조적 문제를 직시하지 못하게 된다.

역사학이 정치권력에 종속되지 않으려면 우선 조선을 있는 그대로 드러내야 한다. 조선의 약점과 오류, 체제의 경직성을 꾸밈없이 기록하고 분석하는 작업이 핵심이다. 조선은 민족적 상징으로 미화되는 대상이 아니라 구체적 조건과 구조적 한계를 가진 역사적 실체이며, 이 실체를 냉정하게 이해해야만 현재의 문제를 정확히 진단하고 미래의 제도를 제대로 설계할 수 있다. 역사학이 조선을 신화적 이미지에서 해방시키는 순간, 학문은 정치의 영향에서 벗어나고 국가 역시 감정의 장막을 걷고 제도적 역량을 다시 세울 수 있다.

역사학은 어떤 권력의 필요에 맞추어 과거를 재단하는 도구가 되어서는 안 된다. 학문이 독립성을 회복할 때, 조선의 실패는 감춰야 할 짐이 아니라 현재를 변화시키는 데 활용할 수 있는 지적 자원이 된다. 숨겨진 실패를 드러내고 분석할수록 사회는 더 성숙해지고, 과거는 미래를 위한 실질적 토대가 된다.

8. 민족 신화와 국가 정당성의 결합

국가는 스스로의 정당성을 확보하기 위해 서사가 필요하다. 제도만으로는 국민을 설득할 수 없고, 현실의 정치만으로는 공동체를 결속하기 어렵다. 그래서 국가는 과거를 호출하고, 그 과거 속에서 자신이 왜 존재해야 하는지를 증명하려 한다. 문제는 이러한 정당성 구축 과정이 민족 신화와 결합하는 순간 나타나는 왜곡이다. 한국 사회에서 이 결합은 단순한 수사적 현상이 아니라, 국가가 스스로의 역할을 확장하거나 방어할 때 의도적으로 활용한 구조적 전략이었다. 그 과정에서 조선은 다시 한 번 분석의 대상이 아니라 상징의 도구로 전락했다.

해방 이후 국가는 정통성의 공백이라는 심각한 문제에 직면했다. 조선을 바로 계승하기에는 조선의 체제가 너무 낡고 실패한 것이었고, 일제의 식민지 지배를 긍정할 수는 없었다. 그렇다고 완전히 새로운 국가를 '발명'하기도 쉽지 않았다. 그래서 선택된 방식이 민족 신화와의 결합이었다. 민족은 혈통·언어·문화 등 다양한 요소를 단일한 정체성으로 묶어내는 강력한 상징이고, 이 상징은 국가가 자신을 정당화할 때 매우 유용했다. 민족이라는 이름은 과거와 현재를 자연스럽게 이어주는 다리가 되었고, 국가는 그 다리 위에 자신을 올려놓았다.

이 결합의 핵심은 조선의 실체가 민족의 상징으로 재해석되는 과정이다. 조선은 구조적으로 결함이 많은 사회였다. 신분제는 시대적 변화를 받아들이지 못했고, 기술 발전은 장려되지 않았으며, 국제 정세에 대응하는 외교 능력도 부족했다. 그러나 이러한 현실을 있는 그대로 인정하는 순간, 국가의 정당성은 불안정해질 수 있었다. 조선의 실패를 분석하지 않으면 현대 국가가 조선으로부터 무엇을 이어받고 무엇을 버려야 하는지 판단할 수 없기 때문이다. 그래서 국가는 조선을 실패한 체제가 아닌 '민족이 살아온 공간'으로 재해석했다. 이렇게 조선은 구조적 분석의 대상에서 제외되고, 민족 신화를 유지하기 위한 재료로 다시 배치되었다.

민족 신화와 국가 정당성이 결합하는 첫 번째 방식은 비극의 서사를 정치적 자원으로 활용하는 전략이다. 조선 후기의 몰락은 외부 세력의 압박, 국내 정치의 혼란, 구조적 부패 등 다양한 요인이 얽혀 있었다. 그러나 민족 신화는 이 복잡성을 제거하고 단순한 비극으로 재구성했다. 비극은 감정을 자극하고, 감정은 국가가 자신을 보호자나 구원자로 설정하는 데 필요한 장치가 된다. 그래서 조선의 몰락은 구조적 실패가 아니라 민족이 겪은 아픔으로 해석되었고, 국가는 그 아픔을 극복하는 역할을 맡은 주체로 나타났다. 이때 조선을 비판적으로 분석하는 일은 비극 서사와 충돌하게 된다.

두 번째 방식은 민족의 '연속성'을 강조하는 형식이다. 국가는 해방 이후 만들어진 갑작스러운 존재가 아니라고 주장하기 위해, 조선과의 문화적·정서적 연속성을 강조했다. 이는 감정적으로는 자연스럽지만, 분석적으로는 위험하다. 조선과 현대 국가는 제도적 성격이 전혀 다르고, 사회 구조 역시 비교하기 어려울 만큼 상이하다. 그럼에도 연속성을 지나치게 부각하면 조선의 문제를 정확히 파악할 수 없다. 국가가 자신의 정당성을 위해 조선을 이상화하는 순간, 조선의 실제 모습은 흐려지고 허구적 이미지가 그 자리를 차지한다. 민족의 시간은 끊어지지 않았다는 주장을 위해, 조선의 구조적 결함은 역사 서술에서 미묘하게 밀려나게 된다.

세 번째 방식은 민족 신화를 국가의 정체성과 결합하는 교과서적 전략이다. 교과서는 특정 가치나 정체성을 반복적으로 주입하는 데 매우 효과적인 도구이다. 교과서를 통해 조선은 민족적 자부심이 유지된 공간으로 묘사되었고, 민족은 역사적 의지의 주체로 등장했다. 그러나 이 과정에서 조선의 제도적 실패는 분석의 대상이 되지 못했다. 국가는 조선의 내부 문제를 다루는 대신, 조선이 악조건 속에서도 민족 정체성을 지켰다는 식의 감정적 방식으로 과거를 재서술했다. 이렇게 교과서 서술은 조선 비판의 가능성을 약화시키고, 민족 신화의 재생산 장치로 기능했다.

네 번째 방식은 정치적 위기나 사회적 갈등을 민족 신화로 해결하려는 시도다. 국가는 상황이 불안해질 때마다 민족 정체성을 호출함으로써 내부 결속을 유지하려 했다. 이러한 전략은 단기적으로는 효과가 있지만, 장기적으로는 국가의 자율적 판단 능력을 약화시킨다. 민족 감정이 강하게 호출되는 순간, 조선의 문제를 구조적으로 분석하는 일은 더욱 불가능해진다. 조선의 실제 문제를 드러내는 순간 민족적 자존심이 손상될 수 있기 때문이다. 이렇게 정치는 민족 신화를 통치의 도구로 활용하고, 조선의 냉철한 평가를 방해하는 감정적 장치를 강화한다.

다섯 번째 방식은 국가 정당성을 국제 관계 속에서 강화하기 위해 민족 서사를 활용하는 방식이다. 국가는 냉전 체제 속에서 외교적 필요에 따라 민

족 신화를 변형했다. 조선이 약했기 때문에 외세의 침략을 받았다는 서사
는 국가의 안보 정책을 정당화하는 데 매우 유용했다. 하지만 이 서사는 조
선의 잘못을 분석하지 않는다. 오히려 조선을 외부의 압박 속에서 고통받은
순수한 민족의 공간으로 영웅화한다. 조선이 왜 국제 정세를 읽지 못했는
지, 왜 근대적 외교 체제를 준비하지 못했는지 같은 핵심 문제들은 감정적
미화 속에서 사라진다. 국가는 조선의 실패를 적절히 활용하면서도 조선의
실제 문제는 끝까지 드러내지 않았다.

　여섯 번째 방식은 정치적 경쟁 세력이 서로 다른 방식으로 민족 신화를 차
용하는 현상이다. 보수와 진보는 조선의 해석에서 서로 다른 강조점을 선택
했지만, 공통점이 있다면 둘 다 민족 신화를 버리지 못했다는 점이다. 보수
는 조선을 민족적 뿌리로 삼고 국가의 정통성을 강조하는 방식으로 이용했
고, 진보는 조선의 민중적 에너지나 공동체적 가치를 부각하며 민족의 연속
성을 강조했다. 하지만 양쪽 모두 조선을 구조적으로 분석하는 일보다는 조
선을 현재의 정치적 언어에 맞추어 재해석하는 방식으로 움직였다. 결국 조
선은 학문적 분석이 아니라 정치적 상징의 도구로 자리 잡았다.

　일곱 번째 방식은 국가 정당성의 위기를 민족 서사로 덮어버리는 절차
적 전략이다. 국가는 비판을 받을 때마다 민족 신화를 호출해 반발을 감정
의 영역으로 돌릴 수 있다. 예를 들어 정책 실패나 국가 운영의 오류가 지적
될 때, 국가가 민족적 사명을 수행 중이라는 서사가 등장하면 논의는 구조
적 문제에서 감정적 충성으로 이동한다. 민족이라는 말은 복잡한 문제를 희
석시키는 만능 도구로 작동하고, 조선의 실패를 직시해야 할 필수적인 지적
작업은 더 멀어진다.

　여덟 번째 방식은 국가 스스로가 조선의 문제를 계승하고 있음에도 불구
하고 그 사실을 인정하지 않으려는 심리적 기제다. 조선이 실패한 이유는
제도적 경직성과 자기 성찰의 부족이었다. 그런데 이런 특성은 현대 한국

사회에도 부분적으로 남아 있다. 비판을 두려워하고, 감정적 언어에 의존하며, 제도의 구조적 개혁을 미루는 습관 등은 조선의 유산과 무관하지 않다. 그러나 국가가 민족 신화를 정당성의 도구로 사용하는 순간, 이러한 문제를 스스로 인정하는 것은 더욱 어려워진다. 조선의 문제를 분석하는 일은 민족 신화와 충돌하기 때문에, 국가의 정당성 역시 흔들릴 수 있기 때문이다.

민족 신화와 국가 정당성이 결합하면, 역사학은 감정의 논리에 예속되고, 조선의 실체는 의도적으로 흐려진다. 조선을 비판적으로 바라보는 일은 국가 정체성과 충돌하는 행위로 간주되고, 학문적 연구는 정치적 부담을 지게 된다. 그 결과 조선은 역사 속 실체로서 존재하지 못하고, 감정적 상징으로만 반복해서 호출된다. 이러한 구조에서는 조선을 있는 그대로 해부할 수 없고, 조선이 남긴 문제를 현대 사회가 반복할 가능성은 더욱 커진다.

국가가 민족 신화에 의존하는 한, 조선은 절대로 분석적 대상이 될 수 없다. 조선이 실패한 이유를 솔직하게 인정해야만 국가 역시 자신의 약점을 파악할 수 있다. 그러나 조선을 민족의 상징으로 재해석한 순간, 조선은 비판이 불가능한 성역이 된다. 이 성역화는 대중에게 위로를 줄 수는 있지만, 현실을 이해하는 능력을 제한한다. 국가가 감정에 기대어 정당성을 확보하는 것은 쉬운 길이지만, 그 결과 사회는 미래를 준비할 수 있는 지적 기반을 잃게 된다.

민족 신화와 국가 정당성의 결합은 단기적 안정에는 도움이 되지만, 장기적 관점에서 보면 위험한 구조다. 감정적 서사는 사회적 사고를 단순화하고, 분석적 능력을 약화시키며, 조선의 실패를 반복하게 만든다. 조선을 제대로 이해하기 위해서는 민족 신화의 장막을 걷어내야 한다. 조선은 신화 속의 공간이 아니라, 실제로 존재했던 체제였고, 그 체제를 냉정하게 바라볼 때 비로소 국가의 정당성은 감정이 아니라 현실 위에서 구축될 수 있다.

국가는 민족의 신화를 빌려 정당성을 얻을 수 있지만, 그 신화는 국가가 성찰해야 할 과제를 영원히 가려버린다. 조선의 실패를 신화 속에서 미화할 것이 아니라, 조선의 실제 문제를 통해 국가가 무엇을 바꾸어야 하는지를 배워야 한다. 민족 신화와의 결합을 끊고 역사적 사실 위에 국가를 세울 때, 비로소 한국 사회는 조선의 그림자를 벗어나 미래의 방향을 스스로 결정할 수 있을 것이다.

9. 신화 해체 이후의 역사학은 무엇을 해야 하는가

신화는 공동체를 결속시키는 데 편리한 도구다. 그러나 신화는 현실을 설명하는 데는 아무런 도움이 되지 않는다. 해방 이후 한국 사회가 조선을 신화화한 것은 국가 정당성, 사회 안정, 집단 감정의 통합이라는 목적을 달성하는 데는 효과적이었지만, 조선의 실제 문제를 파악하고 미래의 제도 설계를 고민하는 데는 거대한 장애물을 만들었다. 그래서 신화를 해체하는 작업은 단순한 학술적 호기심이 아니라, 사회 운영의 기반을 새롭게 구축하기 위한 필수 과정이다. 신화 이후의 역사학은 과거를 복원하는 것이 아니라, 과거를 분석할 수 있는 능력을 회복하는 데 초점을 맞춰야 한다.

신화를 걷어낸 자리에 우선 필요한 것은 조선의 구조적 문제를 드러내는 일이다. 조선은 장기간 변화하지 못한 사회였고, 정치 체제는 소수 관료층에 집중되어 있었다. 경제 활동은 신분적 제약에 묶여 있었고, 사회적 이동성은 제한되었다. 기술과 상업이 성장할 여지는 있었지만, 국가 체제는 이를 뒷받침하지 못했다. 이런 구조적 문제를 직시하지 않으면 조선으로부터 배울 수 있는 실질적 교훈이 사라진다. 신화는 조선을 비극의 주인공이나 고통받은 민족의 무대로 만들었지만, 신화 이후의 역사학은 조선을 동정의 대상이 아니라 분석의 대상으로 되돌려 놓아야 한다.

두 번째로 필요한 것은 조선의 실패를 구체적으로 기록하는 작업이다. 실패의 원인을 막연한 감정이나 외부 침략에 돌리는 것은 조선의 실제 문제를 은폐하는 방식이었다. 조선의 관료 체제가 왜 혁신을 수용하지 못했는지, 왜 상업과 기술이 제도적 보호를 받지 못했는지, 왜 사회적 불평등이 극단적으로 고착되었는지 등은 조선을 이해하기 위한 핵심 질문이다. 이러한 문제들이 기록되지 않은 상태에서는 조선의 몰락은 그냥 역사적 운명으로 소비되기 쉽다. 신화 이후의 역사학은 조선의 실패를 서정적으로 다루는 대신, 원인을 계층·제도·경제·정치 구조 속에서 추적하는 방식을 택해야 한다.

세 번째로 신화 이후의 역사학이 해야 할 역할은 감정의 언어를 사실의 언어로 대체하는 일이다. 조선을 다루는 많은 서술은 비극, 억울함, 고통 같은 정서적 표현에 지나치게 의존한다. 물론 과거의 고난을 기억하는 일은 필요하지만, 감정적 서술이 지나치게 강조되면 구조적 문제를 분석하는 능력은 약해진다. 역사학은 사실을 기반으로 한 설명을 해야 하며, 감정은 설명을 돕는 보조 요소가 되어야 한다. 신화 이후의 역사학이 지향해야 하는 것은 감정적 동원이나 민족적 위안이 아니라, 사실 분석을 통해 사회를 이해하는 능력을 강화하는 것이다.

네 번째로 중요한 과제는 조선 연구의 범위를 사회 내부로 확장하는 작업이다. 신화 속 조선은 하나의 덩어리처럼 묘사되지만, 실제 조선은 다양한 계층, 지역, 집단이 서로 다른 방식으로 살아간 복잡한 사회였다. 양반 중심의 가치 체계가 사회 전체를 지배한 것은 사실이지만, 그 내부에는 끊임없는 갈등과 조정이 있었다. 신화 이후의 역사학은 조선을 단일한 단위로 다루지 않고, 지역 간 불평등, 계층 간 이해관계, 국왕과 관료층의 정치적 역학 등 사회 내부의 구조적 차이를 분석해야 한다. 이를 통해 조선이 왜 변하지 못했는지, 어떤 제도적 장벽이 근대화를 가로막았는지를 보다 명확하게 설명할 수 있다.

다섯 번째 과제는 역사적 맥락을 현재의 문제와 연결하는 시도다. 신화는 과거를 현재와 단절된 공간에 가두어 두지만, 역사학은 과거와 현재가 연결되는 지점을 찾아야 한다. 조선이 겪었던 구조적 문제는 현대 한국 사회에도 여전히 잔존해 있다. 제도적 경직성, 비판을 억압하는 문화, 변화의 필요성을 외면하는 심리, 집단적 감정에 휘둘리는 정치 등은 조선 후기에 드러났던 여러 문제와 일정한 연속성을 갖는다. 따라서 신화 이후의 역사학은 조선을 미화하거나 폄하하는 데 관심을 두는 것이 아니라, 조선을 현재의 문제를 이해하기 위한 참고 사례로 삼아야 한다.

여섯 번째로 중요한 작업은 정치와 역사학의 관계를 분리하는 체계를 마련하는 것이다. 그동안 역사학이 정치권력에 종속된 이유는 조선의 해석이 국가 정통성과 연결되었기 때문이다. 하지만 신화 해체 이후에는 과거에 대한 학문적 해석이 정치적 판단을 대신하는 일이 허용되어서는 안 된다. 역사학이 정치로부터 독립해야 조선의 구조적 문제를 제대로 분석할 수 있고, 국가 역시 감정이 아니라 사실을 기반으로 판단할 수 있다. 이를 위해서는 연구 환경의 개선, 학문적 자유의 보장, 교육 내용의 다층화가 필수적이다.

일곱 번째로 신화 이후의 역사학은 자료 해석 방식의 다변화를 필요로 한다. 기존 역사학이 너무 강하게 중앙 정치나 엘리트 관료 중심의 기록에 의존했다면, 신화 해체 이후에는 일상사, 경제사, 지역사, 사상사의 관점에서 조선을 다시 보아야 한다. 조선의 실패는 왕과 고위 관료의 판단만으로 설명할 수 없으며, 사회 전반의 구조적 성향과 깊은 관련이 있다. 민중이 어떻게 움직였는지, 지방이 어떤 방식으로 중앙과 충돌했는지, 시장이 어떤 형태로 성장했는지 등을 살펴야 조선 사회의 전체적 구조를 이해할 수 있다. 신화 이후의 역사학은 다양한 자료를 통해 조선을 입체적으로 복원하는 작업을 수행해야 한다.

여덟 번째 과제는 조선의 선택지와 대안을 모색하는 일이다. 조선을 연구

할 때 흔히 범하는 오류는 '조선은 어차피 그럴 수밖에 없었다'라는 식의 운명론적 해석이다. 이런 해석은 신화적 서사와 닮아 있다. 그러나 사실 조선은 여러 갈래의 선택을 할 수 있었고, 그중 많은 선택이 스스로의 제도적 한계를 강화하는 방향으로 이루어졌을 뿐이다. 신화 이후의 역사학은 조선이 놓쳤던 가능성을 복원하고, 동일한 실수를 반복하지 않기 위한 대안을 제시해야 한다. 역사는 과거를 정당화하는 수단이 아니라, 미래를 설계하는 지적 기반이기 때문이다.

아홉 번째 과제는 교육의 변화를 통해 새로운 역사 인식을 확산하는 문제다. 지금까지 많은 교과서가 조선의 문제를 신화적 언어로 덮어 왔다. 조선을 분석의 대상으로 삼지 않고, 감정적 가치로만 다뤄 왔다. 신화 이후의 역사학은 학생들에게 조선을 감정이 아니라 구조적으로 바라보는 능력을 길러주어야 한다. 교과서가 조선의 내부 문제를 있는 그대로 기술하고, 특정한 감정을 강요하지 않는 방식으로 바뀌어야 한다. 역사 교육은 공동체의 정체성을 강화하는 것이 아니라, 비판적 사고를 발달시키는 것을 목표로 해야 한다.

열 번째로 신화 이후의 역사학은 스스로의 역할을 재정의해야 한다. 역사학은 과거를 미화하는 것도, 국가 정당성의 도구도 아니다. 역사학은 사회가 진짜 문제를 이해하도록 돕는 분석의 언어이며, 조선은 그 분석을 통해 우리가 무엇을 고쳐야 하는지를 알려주는 거대한 사례다. 신화는 조선을 상징으로만 남겨두었지만, 역사학은 조선을 실체로 되돌려놓아야 한다. 조선을 비판적으로 이해하는 일은 민족을 부정하는 행위가 아니라, 민족이 더 나은 방향으로 발전하기 위한 필수 과정이다.

결국 신화 이후의 역사학이 향해야 할 목적지는 조선을 있는 그대로 보려는 용기와, 그 현실을 설명하려는 학문적 태도이다. 조선이 실패한 이유를 냉정하게 분석할 때, 한국 사회는 조선의 그림자를 벗어나고, 현재의 문제를 해결할 지적 토대를 마련할 수 있다. 신화를 걷어낸 자리에 진실이 서야 하듯, 감정의 장막을 걷어낸 자리에 분석이 서야 한다. 역사학이 이 역할을 회복할 때, 비로소 신화로부터 자유로운 과거 이해가 가능해질 것이고, 미래를 설계할 능력 역시 더 견고해질 것이다.

10. 민족 신화의 해체와 역사학의 해방

역사를 신화로 바꾸는 일은 공동체를 안정시키는 데 유리하지만, 정확한 현실 이해를 가로막는다는 점에서 위험하다. 해방 이후 한국 사회가 조선을 신화의 영역으로 밀어 넣은 것은 우연이 아니었다. 조선이라는 고유한 체제를 냉철하게 분석할 힘이 부족했고, 신생 국가가 정치적 정통성을 확보하기 위해 감정적 동원이 필요했기 때문이다. 그러나 시간이 흐르면서 신화는 점점 더 많은 문제를 만들어냈고, 결국 우리는 신화의 장막을 걷어내는 일을 더는 미룰 수 없는 시점에 도달했다. 결론에서 논해야 할 핵심은 명확하다. 민족 신화를 해체하는 일은 조선을 공격하자는 것이 아니라, 조선을 실제로 이해하려는 첫 걸음이며, 그 과정에서 역사학은 정치와 감정이라는 이중의 굴레에서 벗어나야 한다는 사실이다.

신화를 해체하는 첫 번째 이유는 조선을 있는 그대로 드러내야 하기 때문이다. 조선은 단순한 문화적 배경이 아니라 오랜 시간 누적된 제도적 체제였다. 그 체제는 외부 변화와 충돌할 준비가 되어 있지 않았고, 사회 내부의 동력도 제한적이었다. 그러나 신화 속 조선은 고난 속에서도 민족의 정체성을 지켜낸 공간으로 미화되었다. 이러한 서술은 조선의 실제 조건을 흐리게 만들고, 왜 조선이 근대 세계에 제대로 대응하지 못했는지 설명하는 데 실패한다. 신화를 유지하는 한, 조선이 돌이킬 수 없는 한계에 부딪혔던 근본 원인은 계속해서 은폐될 수밖에 없다.

두 번째 이유는 조선의 실패를 분석해야 현대 한국 사회가 같은 오류를 반복하지 않기 때문이다. 조선의 체제는 변화에 둔감했고, 새로운 질서를 만들어내는 능력이 부족했다. 이러한 성향은 단순히 정치권력의 잘못이 아니라, 사회 전반에 깊게 자리 잡은 구조적 습관이었다. 그러나 신화는 구조의 역할을 지워버리고, 외부의 압박이나 내부 배신 같은 감정적 요소만 강조했다. 그 결과 조선의 한계는 제대로 분석되지 않았고, 조선에서 비롯된 여러 문제는 현대 사회에서도 다양한 방식으로 재현되었다. 신화를 걷어내야만 그 반복을 멈출 수 있다.

세 번째 이유는 역사학이 제 기능을 회복해야 하기 때문이다. 역사학은 사실을 해석하는 학문이지, 집단적 감정을 달래는 도구가 아니다. 그러나 민족 신화가 정치적 정당성의 원천이 되면서 역사학은 자신의 역할을 잃었다. 조선을 객관적으로 연구하는 대신, 국가 서사에 맞는 조선을 재구성하는 일에 동원되었다. 정치가 요구하는 감정적 틀은 역사학의 분석 능력을 무디게 만들었고, 조선의 실체는 학문적 조사보다는 감정적 상징에 의해 결정되었다. 신화를 해체하지 않는다면 역사학은 계속해서 기능을 제한받은 채 머물게 된다.

네 번째로 신화를 해체해야 하는 이유는 조선의 문제를 정면에서 다루기 위한 공간을 확보하기 위해서다. 조선에 대한 비판적 접근은 종종 민족 정체성을 훼손한다는 비난을 받았다. 이는 신화가 조선의 실체를 감정적 성역으로 만들었기 때문이다. 조선을 비판하는 말은 곧 민족을 부정하는 언어로 오해되었고, 그 결과 비판적 연구는 위축되었다. 신화를 제거해야만 조선 연구는 비로소 자유로운 영역이 될 수 있다. 조선의 약점을 드러내는 일은 민족을 공격하는 것이 아니라 분석적 사고를 회복하는 작업이다.

다섯 번째 이유는 신화가 정책 결정과 제도 설계에 악영향을 미치기 때문이다. 감정적 서사는 복잡한 문제를 단순화시키고, 문제의 본질을 파악하지 못하게 만든다. 국가 운영은 감정이 아니라 구조적 이해에 기초해야 한다. 그러나 신화는 현실을 감정의 방향으로 끌어당기며, 제도 개혁을 감정적 명분으로 대체한다. 조선의 실패가 감정적으로만 설명되면, 현대 사회도 문제 해결을 구조적 방식이 아니라 감정적 방식으로 하려는 경향이 강화된다. 이는 조선이 변화에 실패했던 방식과 다르지 않다. 신화를 걷어내야 제도 설계가 합리적 판단 위에서 이루어질 수 있다.

여섯 번째로 신화 해체 이후 역사학이 맡아야 할 새로운 역할은 사회가 스스로를 이해하는 지적 기반을 마련하는 일이다. 조선은 과거의 사건이지만, 동시에 현재의 문제를 설명하는 중요한 실마리를 제공한다. 조선 사회의 경직성, 내부 갈등, 제도적 비효율은 현대 한국 사회에서도 다양한 형태로 나타난다. 이러한 문제를 해결하기 위해서는 과거의 구조를 정확히 이해해야 한다. 역사학이 신화에서 벗어나야만 조선이 현재를 설명하는 자료로 활용될 수 있다. 신화에 갇혀 있으면 조선은 교훈을 제공하지 못하고, 단지 감정적 상징으로만 남을 뿐이다.

일곱 번째로 신화 이후의 역사학이 해야 할 일은 조선의 실제 모습을 다층적·다각도로 재구성하는 작업이다. 조선은 어느 한 계층이나 제도만으로 설명될 수 없는 복잡한 사회였다. 그러나 신화는 조선을 하나의 단일한 덩어리로 다루었다. 신화 이후의 역사학은 조선의 다양한 세부구조를 복원해야 한다. 지역 간 차이, 계층 관점의 다양성, 경제 구조의 세계관, 외교 실패의 구체적 원인, 제도 변화의 가능성 등을 분석해야 한다. 조선이 왜 발전하지 못했는지, 왜 다른 선택을 하지 못했는지를 해명하는 것이야말로 신화 이후 역사학이 맡아야 할 본질적 과제다.

여덟 번째로 신화 이후 역사학은 국가와 학문의 관계를 재정립하는 작업에 착수해야 한다. 역사학이 국가의 도구가 되는 한, 조선 연구는 제대로 수

행될 수 없다. 국가는 현실의 필요 때문에 종종 감정적 서사를 선택하지만, 학문은 정치적 계산과 무관하게 사실을 탐구해야 한다. 신화 이후의 역사학은 정치가 원하는 조선을 그리는 것이 아니라, 조선이 실제로 무엇이었는지를 분석하는 데 집중해야 한다. 국가가 민족 서사를 통해 과거를 통제하려는 순간, 역사학자는 그 권력적 접근을 경계해야 한다.

아홉 번째로 신화 해체 이후 중요한 과제는 공교육에서 역사 교육의 방식 자체를 바꾸는 일이다. 교과서는 오랫동안 조선을 감정의 대상으로 다루었고, 학생들은 조선을 객관적 분석이 아닌 감정적 동조의 대상으로 배웠다. 이 방식은 국민 전체의 역사 인식을 왜곡하는 구조를 만들었다. 신화 이후의 교육은 조선의 제도, 구조, 상층·하층 간의 갈등, 실패의 구체적 경로 등을 있는 그대로 전달해야 한다. 감정을 주입하는 교육이 아닌, 구조적 사고를 기르는 교육으로 재편될 때 비로소 역사 이해는 성숙할 수 있다.

열 번째로 신화 이후의 역사학이 지향해야 할 최종 목표는 조선을 평가함으로써 미래를 설계하는 능력을 회복하는 일이다. 조선이 실패한 이유를 분석하는 것은 과거를 비난하기 위한 것이 아니라, 현재와 미래의 사회가 어떤 제도적 선택을 해야 하는지를 판단하기 위한 지적 기반을 마련하는 것이다. 신화를 벗어던지면 조선은 더 이상 민족 감정을 위한 무대가 아니라, 사회적 실험의 결과를 제공하는 학문적 자료가 된다. 이는 국가 운영의 기준을 감정에서 구조로 옮기는 작업이며, 한국 사회가 더 성숙한 판단을 내릴 수 있는 기반이 된다.

민족 신화를 해체한다는 것은 조선을 부정하려는 시도가 아니다. 오히려 조선을 있는 그대로 이해하고, 그로부터 진정한 교훈을 이끌어내기 위한 필수적 과정이다. 신화는 우리를 편안하게 만들 수 있지만, 그 편안함은 현실을 오독하게 만든다. 신화를 걷어낼 때 비로소 조선은 실체를 드러내고, 우리는 조선을 통해 자신을 다시 구성할 수 있다. 역사학의 해방은 감정으로

부터의 해방이며, 정치적 목적을 위한 서사로부터의 해방이기도 하다. 조선을 정확히 이해할 때, 한국 사회는 신화가 만든 울타리를 벗어나 새로운 미래를 스스로 설계할 수 있게 된다.

신화가 된 조선 해설서(解說書)

1장: 해방과 상처의 기억

해방은 흔히 민족이 억압에서 벗어난 환희의 순간으로 기억되지만, 그 기억은 실제 현실을 정확히 반영하지 않는다. 해방의 장면은 분명 감정적으로는 기념비적이었으나, 조선이 처한 구조적 현실은 환희와 거리가 멀었다. 해방은 완성된 독립이 아니라 준비되지 않은 출발이었고, 조선 왕조가 남긴 제도적 쇠약과 인식적 후진성을 한꺼번에 드러내는 기점이었다. 조선은 이미 19세기 내내 세계 질서 변화에 적응하지 못한 채 정치·경제·사회 전반에서 무력감을 노출해왔고, 이러한 내부적 실패의 결과 위에서 식민지화가 진행되었다. 해방은 그 실패를 해결하는 순간이 아니라, 그 실패를 더 이상 숨길 수 없는 순간이었다.

조선이 근대적 국가로 발전하지 못했던 가장 근본적 원인은 정체성의 구조적 결핍이었다. 조선 왕조는 왕과 지배층의 체제를 유지하는 제도였지, 구성원 전체를 하나의 공동체로 형성하는 국민국가가 아니었다. 백성은 정치적 주체가 아니라 통치의 객체였고, 국가는 공공성을 갖춘 제도가 아니라 문벌 정치가 순환하며 지배를 재생산하는 구조였다. 이런 조건에서 근대적 '국민'이라는 개념은 형성될 수 없었다. 그러므로 해방 직후 한국 사회는 국가보다 먼저 정체성의 공백을 마주한 셈이었다. 사람들은 '우리는 누구인가'라는 질문에 답할 준비가 되어 있지 않았고, 국가 역시 국민을 규정할 기반을 갖고 있지 않았다.

바로 이 공백의 위에 식민 경험이 남긴 심리적 불안이 덧씌워졌다. 식민 지배는 폭력적 억압이었으나, 한국 사회에 더 깊게 남은 것은 외부의 강압보다 스스로를 지킬 능력을 상실했다는 경험이 남긴 불안이었다. 조선은 국제 질서의 변화에 대응하지 못했고, 지배층은 내부 개혁에 실패했으며, 경제 기반은 취약했고, 사회 구조는 경직되어 있었다. 이러한 내부적 취약성은 식민 경험을 단순한 '외부의 침탈'로 보기 어렵게 만든다. 그러나 해방 직후 한국 사회는 내부의 문제를 직면하기보다 외부의 폭력을 강조하는 방식으로 기억을 재구성했다. 이 선택은 심리적으로는 편안했지만, 역사적·제도적 성찰을 가로막았다.

해방 이후 역사학이 수행했어야 할 핵심 과제는 조선의 구조적 실패를 분석하고 새로운 국가가 무엇을 극복해야 하는지를 명확히 제시하는 일이었다. 그러나 실제로 역사가 사용된 방식은 분석이 아니라 치료였다. 조선의 무능과 한계를 설명하는 대신, 조선을 피해자의 위치에 놓고 외부 요인의 폭력을 강조하는 서사가 확산되었다. 이는 상처 입은 공동체를 위로하기에는 적절한 방식이었지만, 조선을 제대로 이해하도록 돕는 방식은 아니었다. 역사는 사실의 검토가 아니라 공동체의 정서적 안정장치로 사용되었다. 조선의 실패는 연구의 대상이 아니라 회피의 대상이 되었다.

이 과정에서 '우리의 역사'라는 표현은 강력한 역할을 수행했다. 이 말은 조선을 구성원 모두가 공유하는 긍정적 유산으로 만들어주며 공동체를 결속시키는 데 도움을 주었지만, 동시에 사실을 흐리고 비판을 억제하는 장치로 작동했다. 실제 조선은 하나의 단일 공동체 조차 아니었고, 신분과 지역, 문벌에 따라 구조적으로 분절된 사회였음에도 '우리'라는 말은 마치 조선이 근대적 국민국가의 성격을 지닌 것처럼 착시를 만들었다. 특히 조선의 정치적 무능과 제도적 경직성은 '우리의 것'이라는 이름 아래 감정적으로 보호되었고, 조선의 실패를 비판하려 하면 '정체성을 훼손하는 행위'로 간주되었다. 역사적 사실보다 공동체의 자존감이 우선시된 것이다.

식민 경험 이후 한국 사회는 자존감을 회복하는 데 피해 기억을 적극적으로 동원했다. 조선의 내부적 취약성을 직시하기 어렵기 때문에, 외부로부터 당한 고난이 공동체의 정체성 핵심 자원이 되었다. 이는 상처를 통해 자존감을 복원하는 방식이었지만, 매우 불안정한 구조였다. 피해 기억은 책임을 분산시키고 내부적 실패를 가리는 동시에 공동체를 결속시키는 효과를 가져왔다. 그러나 이 방식은 자존감을 외부 요인에 의존하도록 만들고, 내부적 문제를 재생산하게 만드는 부작용을 불러왔다. 자존감 회복이 분석이 아닌 감정에 의해 이루어질 때, 공동체는 스스로를 재정의할 능력을 잃는다.

해방 직후 중요한 역할을 맡았던 지식인들 역시 조선의 문제를 분석하는 대신 정서적 서사를 선택했다. 지식인들은 공동체의 심리적 안정을 위해 조선을 도덕적·문화적 우월성을 지닌 존재로 포장하거나, 조선이 실패한 이유를 외부 침탈로 설명하는 방식을 사용했다. 조선의 붕괴 과정에서 나타난 지배층의 무능, 신분제의 경직성, 경제적 비효율, 국제 감각 부재 같은 근본 문제들은 분석되지 않았다. 지식인들의 이러한 선택은 조선의 실패를 교정하는 데 필요한 지적 기반을 약화시켰다. 단기적 위로는 가능하지만, 장기적 성찰을 차단한 셈이다.

이처럼 조선의 상처와 공동체의 욕망이 뒤섞인 상태에서 해방 직후 만들어진 첫 번째 역사 서술은 사실의 정밀한 재구성이라기보다 상처를 관리하고 집단적 욕망을 충족시키는 편집 행위였다. 조선의 문제는 감춰지고, 조선의 장점과 잠재력은 과장되고, 조선을 피해자의 위치에 놓는 서사는 반복되었다. 이러한 구조는 조선을 정확히 이해하는 데 도움이 되지 않았다. 오히려 조선의 실패를 설명할 언어를 잃게 만들었다.

기억의 정치화도 이 시기의 중요한 특징이다. 조선의 기억은 정치적 목적에 따라 선택적으로 사용되었고, 사실보다 정서가 우위에 놓였다. 좌우 진영은 각각 조선을 다른 방식으로 포장했다. 좌익은 조선을 봉건적이고 부패한 체제로 규정하여 체제 전환의 정당성을 강조했고, 우익은 조선을 도덕적 뿌리로 상정하여 새 국가의 정통성을 확보하려 했다. 양쪽 모두 조선을 도구로 사용했고, 그 과정에서 조선의 복합적 실체는 왜곡되었다. 정치화된 기억은 책임을 흐리게 만들고, 자기미화는 분석을 차단한다.

　결국 1장이 말하고자 하는 핵심은 단순하다. 해방은 조선의 종말이 아니라 조선의 문제를 다시 마주해야 하는 출발점이었다. 조선이 스스로 실패한 이유를 분석하지 않는다면, 그 실패는 새로운 형태로 반복될 수밖에 없다. 그러나 해방 직후 한국 사회는 조선을 분석하지 않았고, 조선을 위로했고, 조선을 미화했다. 그 결과 한국 사회는 과거로부터 배울 기회를 놓쳤고, 조선이라는 체제가 남긴 결함을 여전히 짊어진 채 새로운 국가를 세워야 했다.

　독립은 외세로부터 벗어나는 데서 끝나는 것이 아니다. 진짜 독립은 스스로를 이해하는 데서 시작된다. 조선을 이해하지 못한 해방은 완전한 해방이 아니었다. 해방이 남긴 가장 큰 숙제는 조선의 실패를 분석하고, 그 실패를 어떻게 극복할 것인지 스스로에게 묻는 일이었다. 이 숙제를 외면한 것이야말로 해방 이후 한국 사회가 겪은 수많은 문제의 뿌리이다.

2장: 조선학의 유령

　조선학이라는 이름의 사유 체계는 처음부터 학문적 분석을 목표로 만들어진 것이 아니었다. 그것은 식민지 조선의 상황에서 지식인이 자신을 지키기 위해 선택한 심리적 장치였고, 동시에 조선을 이상화하기 위한 필터였다. 조선학은 조선이 실제로 어떤 사회였는지를 설명하기보다, 조선이 '어떤 사회였으면 좋겠는가'를 가정한 상태에서 만들어진 상상적 구조물이었다. 그래서 조선학은 역사적 설명보다 심리적 위안을 제공하는 데 훨씬 더 능숙했다.

　조선학의 출발점은 실학 재해석에서 가장 뚜렷하게 드러난다. 1930년대 조선 지식인은 실학을 조선의 잠재적 근대성의 증거로 제시하면서 조선을 부정적으로 보던 식민사관에 대응하려 했다. 그러나 이때의 실학은 조선 후기 실제 학문 전통이 아니라, 당시 지식인이 필요로 했던 정서적 개념으로 재구성된 것이었다. 정약용·홍대용·박지원 등 일부 학자의 파편적 아이디어가 '근대적 싹'이라는 이름 아래 다시 편집되었고, 조선은 본래 근대화가 가능한 사회였으나 외부 요인 때문에 실현하지 못했다는 식의 서사가 확산되었다. 이는 조선의 구조적 실패를 분석하는 길을 막는 역할을 했다. 조선은 근대적 전환을 할 능력이 부족했다는 사실이 가장 중요한 진실인데, 지식인은 그 진실을 정면으로 마주하기 어렵다 보니 실학을 심리적 방패로 삼았다.

　이 심리적 방패는 '조선 정신'이라는 창안된 전통으로 확장되었다. 조선에는 공동체적 도덕·순수성·자율성이 있었다는 식의 서술이 등장했지만, 실제 조선은 신분제·지역 차별·기술 경시·정치적 무능이 복합적으로 얽힌 사회였다. 그럼에도 '조선 정신'이라는 개념은 조선이 하나의 정신적 집단이라는 착시를 만들며 뿌리내렸다. 이는 조선을 분석의 대상이 아니라 감정적 상징으로 만들었고, 조선의 문제를 언급하기 어렵게 하는 분위기를 형성했다.

정인보와 안재홍은 이러한 조선학을 가장 설득력 있게 만들어낸 대표적 인물이다. 정인보는 '얼'이라는 추상 개념을 통해 조선을 정신적 공동체로 묘사했고, 안재홍은 조선을 자주적 민족 공동체로 설명했다. 그러나 이들의 조선은 실제 조선이 아니라 '있어야 할 조선'이었다. 파벌 경쟁과 제도 경직성, 양반 중심 권력 구조, 지역적 불평등이 누적된 조선의 역사적 실체는 이 서사에서 사라졌다. 그 대신 조선은 도덕적이고 고유하며 공동체적 의지가 살아 있는 사회처럼 재구성되었다. 이 재구성은 조선인의 자존감을 회복하는 데는 도움이 되었지만, 조선의 실패를 진단하는 데는 전혀 도움이 되지 않았다.

문제는 조선학이 식민사관을 반박하려다 식민사관의 반대극단을 만들어냈다는 점이다. 식민사관이 조선을 철저히 무능한 사회로 규정하자, 지식인은 조선을 도덕적으로 우월하고 잠재력이 풍부한 사회로 과장하여 반박했다. 그러나 논리 구조는 동일했다. 하나의 서사가 조선을 폄하했다면, 다른 서사는 조선을 미화했을 뿐이다. 두 접근 모두 조선의 구조적 문제를 제대로 분석하는 데 실패했다. 조선학은 식민사관의 대안이 아니라 식민사관의 반대 버전일 뿐이었다.

조선학이 사회 전체로 확산된 이유는 당시의 심리·교육·정치 구조와 맞아떨어졌기 때문이다. 식민지 조선의 대중은 정체성 상실과 심리적 불안 속에 있었고, 조선학이 제공하는 '우리는 원래 훌륭했다'는 메시지는 심리적 위안을 주는 데 탁월했다. 지식인은 조선학을 통해 검열을 피하면서도 민족적 자존감을 지킬 수 있었고, 지배층은 조선학이 구조적 비판을 억누른다는 점에서 환영했다. 해방 이후에도 조선학은 국가 정체성 형성에 유용한 도구였고, 교육 현장에서 반복되면서 더욱 공고해졌다.

조선학의 잔향은 해방 후에도 사라지지 않았다. 해방은 조선의 실패를 성찰할 계기가 되었어야 하지만, 한국 사회는 전쟁·반공·경제개발이라는 거대한 압력 속에서 과거를 분석할 여유를 갖지 못했다. 그 결과 이미 만들어진 조선학의 언어가 그대로 사용되었다. 교과서는 조선을 미화했고, 정치권은 조선 정신·전통 계승 같은 조선학적 어휘를 동원해 정당성을 확보했다. 대중문화는 조선을 따뜻하고 조화로운 공동체처럼 재현하여 감정적 이미지를 강화했다. 학계는 조선 비판 연구를 꺼렸고, 조선학적 관점이 '안전한 선택'으로 자리 잡았다. 이렇게 조선학은 하나의 학설이 아니라 사회 전체를 관통하는 사고 구조로 지속되었다.

이 사고 구조는 지금도 유령처럼 작동한다. 조선학적 관점은 특별한 노력 없이도 자동적으로 호출된다. 외부 압력이 강해질 때마다 "우리는 원래 고유하고 도덕적인 민족"이라는 서사가 반복되고, 조선의 실패를 내부 문제가 아니라 외부 탓으로 설명하려는 경향이 강화된다. 조선학은 질문을 억누르고, 책임을 외부로 돌리고, 분석을 감정으로 대체하는 방향으로 기능한다. 그 결과 조선의 구조적 문제, 즉 제도의 경직성·정치의 무능·경제적 취약성·국제 이해 부족 같은 핵심 요소는 지금도 제대로 논의되지 않는다.

조선학의 유령이 남긴 가장 치명적 그림자는 바로 이것이다. 조선을 있는 그대로 보지 못하게 만들었다는 점이다. 조선의 실패를 냉정하게 평가할 수 없다면, 한국 사회는 과거에서 아무것도 배울 수 없다. 조선학은 조선이 가진 문제를 '민족의 자존심'이라는 이름 아래 감춰왔고, 그 감춤은 지금까지도 한국 사회의 제도 설계와 역사 인식에 영향을 주고 있다.

따라서 조선학을 극복하는 핵심은 조선을 감정적 대상으로 보지 않는 태도다. 조선을 위로하거나 미화하는 언어를 걷어내고, 조선의 제도·경제·정치 구조를 실증적으로 분석해야 한다. 조선학은 조선의 상처를 치유하는 데는 잠시 효과가 있었지만, 장기적으로는 조선의 실체를 흐리는 장막이었다. 그 장막을 걷어낼 때 조선은 비로소 역사적 실체로 돌아오며, 우리는 조선에서 무엇을 배워야 하는지 정확히 판단할 수 있게 된다.

　조선학의 유령은 여전히 한국 사회의 사고와 정서를 규정하는 힘을 갖고 있지만, 반드시 영원할 필요는 없다. 그 유령을 해체하는 작업은 조선을 다시 이해하는 일, 즉 감정이 아니라 분석을 중심에 놓는 일에서 시작된다.

3장: 실학의 둔갑술

　조선 후기의 사유 체계는 해방 이후의 역사 서술 속에서 본래의 성격을 잃고 전혀 다른 의미로 재탄생했다. 실학은 조선 후기의 파편적 문제의식을 묶기 위해 만들어진 느슨한 개념이었으나, 해방 이후에는 조선 내부의 변화 가능성을 증명하는 '근대의 씨앗'으로 둔갑했다. 이 변화는 조선의 실체를 밝히기 위한 시도가 아니라, 조선을 위로하고 과거를 긍정적으로 재구성하려는 심리·정치적 욕망이 결합하여 빚어낸 결과였다. 실학은 조선 후기의 사유를 설명하기 위한 학술적 도구가 아니라, 조선의 한계를 가리기 위한 새로운 신화의 토대가 되었다.

　원래의 실학은 하나의 학파도 아니었고, 통합된 사상도 아니며, 근대적 개혁을 목표로 한 운동은 더더욱 아니었다. 실학자들은 서로 다른 문제를 다루었고, 관심사도, 활동 영역도, 사유의 깊이도 모두 달랐다. 그들의 사상적 움직임은 조선 체제가 겪던 정체와 불안 속에서 발생한 작은 균열에 불과했다. 그러나 해방 이후 실학은 조선 후기 전체의 '진취적 정신'을 대변하는 것처럼 포장되었고, 근대적 사고의 출발점으로 이해되었다. 실학의 이 재조립은 조선에 대한 구조적 비판을 약화시키는 동시에, 조선이 스스로 근대화할 수 있었던 잠재력을 갖고 있었다는 서사를 강화했다.

　여기에는 두 가지 심리적 배경이 작용했다. 첫째, 조선의 근대 실패를 내부 구조가 아니라 외부 요인으로 돌리고 싶은 욕구가 강했다. 내부 구조의 문제를 정면으로 인정하는 것은 불편함을 가져오고, 식민 지배의 모욕과 상처를 다시 떠올리게 했기 때문이다. 둘째, 근대 이후 빠른 산업화를 이룬 대한민국은 자신이 이룬 성취가 '전통 없는 근대화'의 우연한 산물이 아니라,

조선 내부의 오랜 사상적 축적에서 비롯된 것이라고 설명하고 싶어 했다. 이 욕망이 실학을 근대의 원형으로 끌어올렸다.

이 과정에서 실학은 맥락을 잃었다. 실학자들이 제안한 개혁은 대부분 기존 성리학 질서를 유지하는 범위에서 이루어졌고, 제도 개혁보다는 도덕적·행정적 조정을 주장하는 수준이었다. 실학을 근대적 개혁 사상으로 보는 해석은 실학의 본래 구조를 왜곡하는 것이다. 조선 후기의 실학은 체제 자체를 넘어서기에는 지나치게 제한된 사고였고, 개혁 의지 또한 제도적 장치를 뚫고 나갈 수 있을 만큼 강력하지 못했다. 실학은 조선 후기의 위기를 완화하기 위한 수단이었을 뿐, 새로운 체제로 나아가기 위한 동력이 아니었다.

해방 이후 확산된 자본주의 맹아론은 실학의 둔갑을 더욱 가속시켰다. 맹아론은 조선 후기 상업 활동의 증가, 시장 경제의 확대, 기술 변화의 미세한 흔적을 자본주의의 초기 징후로 해석했다. 그러나 조선 후기의 시장 확대는 체제 전환의 동력이 아니라, 오랫동안 누적된 제도적 위기에서 나타난 불안정한 현상이었다. 조선은 자본주의로 나아갈 조건, 즉 노동 이동의 자유, 명확한 사유재산 체계, 금융 제도, 기술 혁신 인프라, 산업적 재투자 구조를 거의 갖추지 못했다. 그런데도 맹아론은 조선에 존재하던 작은 변화들을 과장하여 조선의 구조적 실패를 흐리는 방향으로 작동했다.

정약용과 박제가의 사상이 자본주의적 사고의 전조로 소개된 것도 이 신화화 작업의 일환이다. 정약용의 방대한 글쓰기는 조선의 문제를 비판적으로 분석한 흔적이지만, 그의 개혁 구상은 여전히 성리학적 틀을 벗어나지 못했다. 박제가는 청의 기술과 소비 문화를 관찰하며 조선의 낙후성을 비판했지만, 이것은 조선 체제의 근본적 재편을 요구하는 사상이 아니라 생산을 늘리고 낭비를 줄이자는 정도의 취지였다. 그들의 사상은 조선 체제가 가진 한계를 보여주는 증거였지, 자본주의의 씨앗을 품은 혁신적 사유가 아니었다. 그러나 후대는 이 일부 문장을 선택적으로 해석하여 근대적 의미를 과도하게 부여했고, 두 사상가를 조선 내부의 '근대적 정신'으로 포장했다.

이러한 과장과 변형은 정치적 목적과 깊게 연결되어 있었다. 국가주의 시대의 교육과 학술은 조선이 근대에 실패한 이유를 구조적 관점에서 분석하기보다, 전통 속에서 근대의 기원을 찾는 방식으로 서사를 구성했다. 그 과정에서 실학은 대한민국의 성공 서사와 연결되는 상징적 자원으로 사용되었고, 조선과 대한민국 사이의 단절적 역사 경험을 '연속성의 언어'로 부드럽게 봉합하는 역할을 담당했다. 실학은 전통적 지혜와 근대적 정신을 동시에 상징하는 편리한 기호가 되었고, 조선 후기의 실제 구조적 문제는 이 상징 아래서 다시 가려졌다.

이 신화화 작업은 학술뿐 아니라 교육·대중문화에서도 공고해졌다. 교과서는 실학을 '조선의 개혁 정신'으로 소개하고, 조선 후기의 상업 활동을 근대 경제의 초기 형태로 제시했다. 이런 접근은 조선의 구조적 한계를 다루지 않고, 조선이 '근대화할 수 있었던 나라'라는 메시지를 반복한다. 그러나 조선 후기의 경제와 정치 구조는 근대 국가로 전환하기에 극히 취약했다. 국가는 재정적 기반이 약했고, 군사력은 유지되지 않았으며, 관료제는 파벌 싸움에 묶여 의사결정 기능이 크게 약화되었다. 신분제는 노동과 기술의 발전을 억제했고, 사회적 이동성을 거의 허용하지 않았다. 이런 구조적 조건은 조선의 근대화를 불가능에 가깝게 만든 핵심 요인이다.

그럼에도 불구하고 실학은 일종의 현미경처럼 조선에서 근대적 요소만을 확대하는 도구로 사용되었다. 실학자 몇 명의 글을 과장하여 조선 전체가 변화를 준비하고 있었다고 설명하는 방식은 역사적 사실이 아니라 선택적 인용의 결과다. 조선의 구조적 제약을 제거한 채 일부 사례만으로 근대의 가능성을 논하는 것은 학문적 분석이 아니라 심리적 희망의 반영이다. 이 희망은 조선을 위로하지만 조선을 이해하는 데는 전혀 도움이 되지 않는다.

3장의 핵심 결론은 명확하다. 실학은 근대의 씨앗이 아니라 조선의 구조적 한계를 드러내는 텍스트다. 그러나 해방 이후 실학은 조선의 근대를 상상하기 위한 신화적 자원으로 둔갑했고, 조선의 실패를 직시하는 데 필요한 냉정한 분석을 약화시켰다.

조선을 제대로 이해하려면 실학을 과장하는 해석에서 벗어나야 한다. 실학은 조선 후기의 작은 균열이지, 체제 전환의 동력이 아니었다. 실학을 신화로 만드는 방식은 조선을 분석하는 것이 아니라 조선을 미화하는 방식이며, 조선의 실패를 흐리게 만드는 해석이다.

조선의 한계를 이해하는 데 필요한 것은 실학의 재포장이 아니라, 조선이 근대적 구조를 갖추지 못한 이유를 정면에서 분석하는 일이다. 조선의 실패는 몇몇 사상가의 미실현이 아니라, 제도적 장치가 변화의 에너지를 흡수해버리는 구조적 문제에서 비롯되었다. 실학을 신화에서 꺼내어 제자리로 돌려놓을 때, 비로소 조선은 분석 가능한 역사적 실체로 회복되고, 그 실패는 오늘의 제도를 되돌아보게 만드는 중요한 교훈이 된다.

4장: 민족의 역사 vs 국가의 역사

해방 직후 한국 사회가 직면한 혼란의 핵심은 정치적 공백이나 행정적 혼란이 아니라, 자기 정체성을 무엇으로 설명할 것인가라는 문제였다. 조선 왕조는 이미 기능을 잃은 오래된 체제였고, 일제의 지배 논리는 해방과 동시에 사라졌다. 새로운 국가는 존재했지만, 국민이 스스로를 어떤 공동체로 인식해야 하는지는 누구도 명확히 설명하지 못했다. 바로 이 공백을 메우기 위해 민족주의 사학이 등장했다. 민족주의는 혈통·언어·문화라는 넓은 틀을 제공하며, 역사적 연속성을 부여하는 상징적 자원으로서 해방 직후 한국 사회가 붙잡기 가장 쉬운 정체성의 중심이었다.

민족이 정체성의 기반으로 선택되자, 조선은 비판의 대상이 아니라 상징의 재료로 재구성되었다. 조선은 구조적으로 실패한 체제였고, 변화의 동력도 부족했으며, 국제 질서의 변화를 이해하지 못한 채 고립된 상태로 근대를 맞았다. 그러나 이러한 현실을 그대로 인정하면 현대 국가의 정당성도 흔들릴 위험이 있었다. 조선이 실패한 체제라면, 그 후손인 한국 사회도 그 실패의 일부를 이어받았다는 사실을 인정해야 하기 때문이다. 그래서 조선의 내부 문제는 축소되고, 외부 압박이나 비극적 운명으로 설명하는 방식이 강화되었다. 이는 조선을 분석적 대상에서 제거하고, 민족 서사의 무대 속으로 밀어 넣는 효과를 가져왔다.

이 과정에서 민족주의 사학은 학문을 넘어 국가 제도 형성의 핵심 도구가 되었다. 국가는 자신의 정당성을 공고히 하기 위해 과거를 재설정해야 했고, 민족주의 사학은 그 서사적 기반을 제공했다. 권력은 조선의 실패를 사실 그대로 받아들이기보다, 조선을 민족 정체성이 유지되어 온 문화적 공간으로 재해석하는 방식을 택했다. 조선의 구조적 결함을 밝히는 작업은 국가의 정통성과 충돌할 수 있기 때문에, 정치 권력은 조선에 대한 비판적 연구를 장려하지 않았다. 이렇게 역사학은 분석이 아니라 '정체성 생산'의 기능을 강조하는 쪽으로 이동했고, 학문 내부에는 이 서사를 지키기 위한 권력 구조가 형성되었다.

민족주의 사학이 국가 제도와 결합한 대표적 사례가 교과서이다. 교과서는 조선을 구조적 실패의 사례로 다루지 않고, 민족의 문화와 전통이 이어진 공간으로 묘사했다. 조선의 경직된 제도, 경제적 정체, 국제 감각의 부재 등 근대 실패의 핵심 요인은 거의 다루어지지 않았다. 그 대신 조선이 외세의 압박 속에서도 민족적 정체성을 지켜낸 공간이라는 감정적 서사가 반복된다. 이렇게 교과서는 사실의 전달보다 감정 구조의 형성을 우선했고, 조선의 문제를 분석적으로 이해하는 능력을 교육 단계에서부터 약화시켰다.

국가 건설기 서사, 즉 일종의 구원 서사도 이 구조 속에서 형성되었다. 조선은 외세에 의해 억울하게 무너진 공동체로, 국가는 그 억울함을 풀어줄 새로운 주체라는 서사가 만들어졌고, 이는 국가 정당성을 강화하는 데 유용하게 사용되었다. 조선의 실패를 구조적으로 분석하지 않아도 되는 이유가 여기서 확보된다. 조선은 무능한 체제가 아니라 피해자가 되고, 국가는 그 피해자를 구원하는 존재가 된다. 이 구조 덕분에 국가는 스스로를 '민족의 보호자'로 설정할 수 있었고, 조선의 내부 문제는 자연스럽게 논의에서 배제되었다.

이 서사적 구조는 한국 현대사의 주요 단계인 반공·산업화·민주화에서도 그대로 반복된다. 반공 서사는 조선의 군사적 무기력을 구조적 문제로 다루기보다, 민족적 비극으로 재해석했다. 산업화 서사는 조선의 경제적 정체를 분석하는 대신, 민족이 잠재된 능력을 드디어 발휘한 과정으로 제시했다. 민주화 서사는 조선의 정치적 경직성을 사회 내부의 구조적 문제로 설명하지 않고, 억압과 각성이라는 감정적 틀로 처리했다. 서로 다른 시대의 서사가 민족이라는 하나의 기호로 통합되면서, 조선은 시대마다 다른 방식으로 호출되지만, 그 어느 서사에서도 조선은 실체적 분석의 대상이 되지 못했다.

이러한 감정 중심 서사는 국가가 민족에 종속되는 기형적 구조를 만들어 냈다. 국가는 제도적 판단을 스스로 내려야 하지만, 민족 감정이 국가 위에 자리 잡기 시작하면 국가는 감정의 관리자로 전락한다. 조선 비판은 민족 정체성을 훼손하는 것으로 간주되고, 국가 역시 조선을 냉정하게 분석할 권위를 잃는다. 민족 감정은 교육·정치·외교 전반으로 확산되며, 국가는 감정적 명분을 정책의 근거로 사용하는 습관을 강화한다. 이는 결국 조선이 스스로 변화하지 못하고 감정과 명분에 갇혀 몰락했던 구조와 닮아 있다.

정치권력은 역사학을 통제함으로써 이 감정 구조를 강화했다. 복잡한 현실은 단순화되었고, 조선의 구조적 문제는 감정적 비극으로 대체되었다. 비판적 연구는 종종 민족 부정으로 매도되었고, 역사학은 사실을 분석하는 학문에서 권력을 정당화하는 지적 장치로 변하는 방향으로 밀려났다. 조선 연구는 학문적 자유보다 정치적 안전에 맞추어 조정되었고, 그 결과 조선의 실질적 문제를 밝히는 작업은 오랫동안 주변부로 밀려났다.

역사학이 이 굴레에서 벗어나기 위해서는 신화를 해체하는 작업이 필수적이다. 조선을 신화로 만든 이유는 분명했다. 국가 정당성 확보, 집단 감정 관리, 정치적 동원이라는 단기적 목적 때문이다. 그러나 이 신화는 조선을 분석하는 능력을 약화시키고, 현대 사회의 문제를 구조적으로 이해할 수 있는 기회를 빼앗았다. 조선이 왜 실패했는지, 어떤 제도적 습관이 현대에도 반복되는지 같은 중요한 질문을 덮어버린 것이다.

신화 해체 이후의 역사학이 수행해야 할 과제는 명확하다.

첫째, 조선의 실패를 감정적 설명이 아니라 구조적 분석으로 파악해야 한다.

둘째, 조선을 단일한 정체성의 공간이 아니라 복합적이고 불균등한 사회로 재구성해야 한다.

셋째, 조선의 실패를 운명론이 아니라 선택의 결과로 읽어, 현대 사회가 반복할 수 있는 위험을 정확히 진단해야 한다.

넷째, 교육과 학문에서 감정이 아니라 분석을 중심에 두어, 조선을 비로소 실체로 이해할 수 있는 지적 기반을 마련해야 한다.

민족 신화를 해체하는 일은 조선을 부정하는 것이 아니라, 조선을 실제로 이해하는 과정이다. 신화는 공동체를 안정시키지만, 현실을 왜곡한다. 신화를 벗겨낸 자리에서 조선의 구조적 문제를 바라볼 때, 한국 사회는 비로소 과거의 그림자를 벗어나고 현재의 문제를 정확하게 이해할 수 있으며, 미래를 설계할 수 있는 지적 능력을 갖추게 된다. 민족이 아니라 분석이 중심이 될 때, 역사학은 해방되고 조선은 신화의 무대가 아닌 연구의 거리에서 새롭게 모습을 드러낸다.

에필로그

    해방 이후의 한국은 늘 거울 앞에 서 있었다. 그 거울 속에는 조선이 있었다. 그러나 그 조선은 실제의 조선이 아니라, 시대마다 다른 손길이 덧칠한 조선이었다. 상처를 달래기 위해 그렸던 조선, 정당성을 확보하기 위해 미화한 조선, 자존감을 회복하기 위해 꾸며낸 조선. 이렇게 만들어진 조선은 어느새 현실보다 더 단단하게 굳어, 우리 스스로 그 앞에서 고개를 들지 못하는 기묘한 신화가 되었다.

    신화는 언제나 달콤하다. 신화는 고통을 봉합해주고, 실패를 운명으로 치환해주며, 우리가 잃어버린 것들을 존재했던 것처럼 꾸며준다. 그러나 신화는 하나의 위험을 품는다. 신화는 질문을 멈추게 한다. 신화는 분석을 흐리게 한다. 신화는 책임을 외부로 돌린다. 그리고 신화는 결국, 우리 스스로를 이해할 기회를 빼앗는다.

    조선은 실패했다. 그러나 그 실패는 부끄러움의 대상이 아니라, 이해해야 할 대상이다. 한 사회가 왜 그토록 오랫동안 정체되어 있었는지, 왜 근대적 전환을 감당하지 못했는지, 왜 외부의 충격 앞에서 스스로를 지키지 못했는지, 그 질문들은 과거를 묻는 물음이 아니라 미래를 세우는 물음이다. 그 질문을 피하는 순간, 우리는 조선과 다르지 않은 어둠 속에 머무르게 된다.

한국 사회는 해방 이후 오랫동안 조선을 위로하며 살아왔다. 이해하기 전에 감싸고, 분석하기 전에 미화하고, 직면하기 전에 신화를 만들었다. 그 과정에서 상처는 잠시 가라앉았으나, 상처를 만든 구조는 남았다. 그 구조는 오늘도 정치와 교육과 정서 속에서 모습을 바꾸어 되살아난다. 조선을 비판한다는 말이 정체성을 부정하는 말처럼 취급되고, 조선을 분석하는 일조차 불편한 주제가 된다. 이 상태에서는 진정한 의미의 해방이 완성될 수 없다.

진짜 해방은 외세에서 벗어나는 데서 끝나지 않는다. 스스로를 이해하는 데서 비로소 시작된다. 조선의 실패를 있는 그대로 들여다보고, 그 실패가 만든 오래된 습관들을 해체하며, 반복될 수 있는 위험을 미래에서 제거하는 것. 그것이야말로 해방의 마침표이자 새로운 시작이다.

과거는 우리를 억압하지 않는다. 우리가 과거를 해석하는 방식이 우리를 억압할 뿐이다. 조선을 신화에서 꺼내 현실의 빛 아래 두는 순간, 조선은 더 이상 감정의 짐이 아니라 지식의 자원이 되고, 실패의 사례가 아니라 성찰의 교사가 된다.

이 책의 목적은 조선을 비난하는 것이 아니다. 조선을 오해하는 방식을 끝내는 것이다. 신화를 걷어낸 자리에서 조선은 비로소 그 본래의 얼굴을 드러낼 것이며, 그 얼굴을 마주할 용기를 가질 때 한국 사회는 더 이상 과거의 그림자에 기대지 않아도 되는, 스스로 선 사회로 나아갈 수 있다.

조선은 과거에 머물러 있지만, 조선을 어떻게 이해하느냐는 지금 우리의 문제다. 신화가 걷히면 비로소 길이 열리고, 그 길 위에서 우리는 조선이 되풀이한 오류를 반복하지 않는 다른 역사를 쓸 수 있게 된다. 역사는 과거의 기록이 아니라, 미래를 위한 가장 깊은 연습이기 때문이다.

참고문헌

모리스 알바크스,『집단기억의 사회적 틀』

폴 코너턴,『사회는 어떻게 기억하는가』

베네딕트 앤더슨,『상상의 공동체』

이영훈,『대한민국 이야기』

이영훈 외,『반일 종족주의』

김용섭,『조선후기 농업사 연구』

이태진,『조선 후기 정치사 연구』

정인보,『조선사 연구』

어니스트 겔너,『민족과 민족주의』